하루 한 줄
고전 인문학

하루 한 줄
고전 인문학

고전을 가까이하는 자는 절대 망하지 않는다

김병완 지음

북
씽크

얽매이지 않고 미래를 스스로 만드는 삶이
최고의 삶이다

"당신 아닌 모습으로 사랑받는 것보다 당신 모습 그대로 미움
받는 편이 낫다."

프랑스의 소설가 앙드레 지드의 말이다. 당신은 사랑받고 살고
있는가? 아니면 미움을 받으며 살고 있는가? 우리는 어떤 삶을 살
아야 할까? 더 좋은 삶? 더 나은 삶? 그 기준은 무엇이고 어떤 삶
이 더 좋은 삶이고 더 나은 삶일까?

어떤 것이 진짜 성공일까? 부와 명예가 과연 성공을 가져다주는
것일까? 이 질문에 아주 좋은 답변을 해준 사람들이 있다. 그 중
첫 번째 사람은 여성이다. 그리고 '사상 최고의 베스트셀러 작가'
로 기네스북에 등록된 사람이다. 이 사람은 바로 '애거서 크리스
티'다.

세계적인 추리 소설가인 그녀는 성공에 대해서 딱 한 가지 조건을 말했다. 이렇게 말이다.

"성공은 하나밖에 없다. 자기 방식대로 사는 것이다."

두 번째 대답을 해준 사람은 미국의 저널리스트이자 소설가인 크리스토퍼 몰리다. 그는 성공에 대해서 이렇게 말한 바 있다.

"오직 한 가지 성공이 있을 뿐이다. 바로 자기 자신만의 방식으로 삶을 살아갈 수 있느냐이다."

세 번째 대답을 해준 사람은 서양이 아닌 동양에서, 그것도 아주 오래 전 인물로 장자를 꼽을 수 있다. 장자에 보면 이런 유명한 일화가 소개되어 있다.

장자가 강에서 낚시를 즐기고 있었다. 초나라의 신하가 왕의 명령을 받고 먼 길을 달려 장자를 만나러 왔던 것이다.

"왕의 명령이자 부탁이오, 초나라의 제상이 되어 주셔야 하겠습니다."
초나라 신하가 장자에게 정중하게 부탁했다.

"당신네 나라에는 죽은 지 3,000년이나 된 거북의 등딱지가 있다고 들었습니다."

"예. 맞습니다."

"그 거북의 등딱지가 그토록 영험이 있다면서요?"

"예. 그렇습니다."

"왕께서는 그 거북의 등딱지를 비단에 싸서 상자 속에 넣고 제사까지 지내 준다고 하는 데 맞습니까?"

"예. 맞습니다."

"그렇군요. 한 가지만 물어봅시다. 죽어서 3,000년 동안 극진한 대우를 받는 죽은 거북과 우리 마을의 강 진흙탕 속을 헤집으며 마음껏 살고 있는 살아 있는 거북 중에서 어느 거북이 더 행복하다고 생각하십니까?"

"그야 물론! 이 마을에 사는 거북이겠죠."
"그 말이 맞습니다. 그러니 지금 당장 그냥 돌아가세요. 나도 우리 마을 강가의 질흙탕 속을 헤집는 거북처럼 살고 싶습니다."

그렇다. 장자가 원하는 삶, 성공적인 삶, 행복한 삶, 더 나은 삶은 세상의 헛된 부귀영화를 위해서 세상과 왕 앞에서 머리를 조아려 가며, 아부하면서, 비위를 맞추며 살기보다는, 한낱 평민으로 살면서도 자유를 만끽하며 세속적인 명예와 이익에 얽매이지 않고 사는 것이다.

왜 많은 현인들은 얽매이지 않고, 자유롭게 사는 삶, 자신의 방식대로 사는 삶을 최고의 삶이라고 말하는 것일까?
그것은 우리 모두가 간절히 바라는 부와 명예, 권력과 인기는 모두 헛된 것이고, 거품이기 때문이다. 동시에 더 많은 것을 바랄수록 더 욕심낼수록 더 소중한 것을 잃게 되기 때문이다.

세상 모든 것이 거짓인데 뭘 하려고 그렇게 아등바등 욕심내며 살고 있는가? 하루하루는 다시 오지 않는 천금과도 바꿀 수 없는 선물이다. 가장 자유롭게 누리며 살아가는 것이 어떨까?

가장 불쌍한 삶은 명예와 이익에 얽매이지 않는 삶이다. 가장 훌륭한 삶은 곧은 삶이며, 가장 행복한 삶은 자유로운 삶이다. 가장 지혜로운 삶은 세상과 타인에게 휘둘리지 않는 삶이며, 가장 성공한 삶은 자기 방식대로, 그 어떤 것에도 얽매이지 않고 사는 삶이다.

욕심 없이 평생을 가난하게 살면서 출세하는 것을 영예로 생각하지 않았던 노자는 초나라 재상 자리도 거절하면서, 자신을 드러내지 않고 소박한 삶에 만족할 줄 알았다. 그가 남긴 장자를 보면,

내편과 외편 그리고 잡편이 있는 데, 그 중에서 잡편 서무귀에 실려 있는 말을 전하고자 한다.

가장 아름다운 책이면서 가장 위험한 책이라고 하는 〔장자〕의 잡편, 서무귀에 있는 '스스로 갇힌 사람들'에 대한 말이다. 서무귀가 위나라 무후를 만나서 갇힌 사람들에 대해 이야기를 하는 대목이다.

"앎으로 사는 사람은 생각할 사건이 없으면 즐겁지 않습니다. 말로 사는 사람은 논쟁거리가 없으면 즐겁지 않습니다. 감찰하는 사람은 사건이 없으면 즐겁지 않습니다. 모두 무언가에 갇힌 사람들입니다. 뛰어난 사람은 나라를 세우려 합니다. 좀 잘난 사람은 공직에서 빛나려 합니다. 힘 좋은 사람은 재난이 닥쳐야 자신만만합니다. 용감한 사람은 환난이 생겨야 고무됩니다. 무장을 한 사람은 전쟁을 즐깁니다. 산속에 숨어 사는 사람은 이름에 삽니다. 법률가는 법 적용을 넓히려 합니다. 예를 가르치는 사람은 용모를 존중합니다. 사랑과 정의를 내세우는 사람은 교제를 중시합니다. 농부는 잡초 뽑을 일이 없으면 즐겁지 않습니다. 상인은 장사할 일이 없으면 즐겁지 않습니다. 서민은 아침저녁으로 할 일이 있어야 부지런히 일합니다. 기술자들은 기술을 뽐낼 일이 있어야 힘이 납니다. 탐욕스러운 사람들은 돈과 재물이 쌓이지 않으면 걱정이 쌓입니다. 허세 부리는 사람들은 세력이 남보다 떨어지면 슬퍼합니다. 세력이나 물질을 추구하는 무리는 사건 사고를 즐깁니다. 자기가 기용될 기회를 만나면 가만히 있지 못합니다. 이들은 모두 세태를 따라가다 무언가에 무언가로 사물화되어 버렸습니다. 몸과 마음이 세상일에 빠져버려 평생 돌아오지 못합니다. 슬프지 않습니까?"

얽매이는 삶은 스스로 갇히는 삶이다. 무엇인가를 추구한다던가 욕심을 내면 그것에 갇히게 된다. 그 순간 우리 마음은 그것에 정복당하고 마음이 죽는다.

공자는 세상에서 가장 슬픈 일은 마음이 죽는 것이라고 말했다. 세상의 부귀영화에 미혹되어 마음이 죽는다면, 그 삶은 무엇인가에 휘둘리는 삶에 불과하고, 그 부와 명예의 진정한 주인이라고 말할 수 없다.

최고의 삶은 얽매이지 않는 삶이다. 마음이 죽지 않고 살아야 얽매이지 않을 수 있다. 그런 점에서 진짜 성공과 행복은 마음에서 시작된다. 마음이 죽은 사람은 절대로 진정한 성공과 부를 이룰 수 없는 이유다.

성공하는 사람, 인생을 제대로 잘 사는 사람, 행복한 사람과 실패하는 인생, 불행한 인생을 사는 사람의 진짜 차이는 바로 마음이다. 현재의 우리 자신을 만든 것도 어제의 우리들이 가졌던 마음이다. 삶의 한계와 실패와 불행은 우리의 마음이 스스로 만드는 것이다.

풍요롭고 강하고 담대한 마음을 가진 자가 세상에 얽매이지 않고, 큰 인생을 살아갈 수 있다. 그것이 어른의 삶이다. 작고 사소한 일에 쉽게 매이고, 평정심을 잃는 사람은 윤택한 삶을 살아낼 수 없다.

##

인생의 가치는 미래를 스스로 만들어내는 데 있다. 자신의 미래를 윤택하고 풍요롭게 만들 것인지, 초라하고 궁핍하게 만들 것인지는 전적으로 당신에게 달렸다. 당신의 생각과 말에 달렸다. 생각은 스스로의 운명을 내면에서 바꾸고 영향을 주고, 말은 세상과 타인이 당신을 어떻게 대하고 조화를 맞출 것인지를 결정하게 하여, 외면에서 당신의 운명을 결정짓는다. 행운을 빈다.

고전인문학1

어른의 삶은
곧아야 한다

"사람은 목적과 신념이 없이는 행복하게 될 수 없다. 사람은 그게 무엇이건 하나의 목표 아래 살아가고 있고, 또 그것이 옳다고 생각함으로써 행복을 느끼는 것이다. 그렇기 때문에 인생은 어떤 목표를 세우고 그 목표에 대해서 신념을 가지고 살아가는 것이 필요하다."

_에픽테토스

1

구차한 삶보다 못한 삶은 곧지 않은 삶이다

"사람의 삶은 곧아야 한다. 곧지 않으면서 살아있음은 요행으로써 죽음을 면한 것뿐이다."

_〈공자, 논어, 옹야편〉

산다는 것은 정말 어려운 일이다. 얼마나 어렵고 두려운 일인가? 한 나라의 대통령이 된 사람조차도 여러 가지 비리와 부정부패와 불법 혐의로 인해 오랫동안 구치소에 있거나, 교도소에서 수인의 삶을 살고 있는 것이 이 나라의 실정이다.

과연 어떤 삶이 옳은 삶이며, 우리는 어떻게 살아야 할까?

산다는 것은 과연 어떤 것일까? 일본의 전국 시대를 통일한 인물인 도쿠가와 이에야스는 '사람의 일생은 무거운 짐을 지고 먼 길을 가는 것과 같기 때문에 절대로 서두르면 안 된다.'고 했고, 소크라테스마저도 '산다는 것은 오랜 병을 앓는 것과 같다.' 라는 말을 남길 정도다. 당신은 어떤 무거운 짐을 지고, 어떤 병을 오랫동안 앓고 있는가? 당신의 인생은 어떤 모습인가?

무거운 짐과 어떤 병이 없다면 편하겠지만, 인간은 그 짐과 병으로써 성장하고 발전하고 더 나은 인생을 살아간다.

코로나와 같은 팬데믹으로 많은 사람들이 힘들고 어려운 삶을 살아가고 있다. 구차한 삶을 살아가고 있는 사람도 있을 것이다. 하지만 공자는 구차한 삶보다 우리가 가장 경계해야 할 삶에 대해서 이야기를 한 적이 있다. 그것은 바로 인간의 삶은 곧아야 한다는 점이다.

요행으로써 죽음을 면하는 삶은 우리가 살아서는 안 된다. 어른의 삶은 곧아야 한다. 그것이 진짜 어른이다.

남들보다 더 성공하고 더 부자가 되지 않아도 상관없다. 삶에서 가장 중요한 것은 곧은 삶을 살아내는 것이다. 돈이 없고, 학벌이 없고, 금수저가 아니더라도, 우리의 삶이 곧고 바르다면 그것만으로도 충분히 가치 있는 삶이다.

우리의 삶이 곧지 않으면 왜 진짜 어른이 될 수 없을까? 그것은 곧지 않은 인생을 사는 사람은 성공할 수도, 유명해질 수도, 부자가 될 수도 없기 때문이다. 최근에 누군가가 유튜브를 통해서 인기를 얻고, 그래서 광고도 찍고, 방송도 출연하게 되었다. 이제야 성공해서 남부럽지 않게 살고 성공하게 된 줄 알았는 데, 자신의 과거의 삶이 곧지 않았기 때문에, 하루 아침에 방송에서 퇴출당하고, 모든 광고에서 물러나게 되었다.

곧은 삶을 사는 것은 곧 행복과 성공의 길이기도 하다. 조급해하지 않고, 너무 빨리 부자가 되거나 성공하려고 하지 않고, 우보만리의 원리처럼 하루하루 지속하는 어른은 멀지 않아 경제적으로, 사회적으로 성공하게 된다.

성공과 행복한 삶의 가장 중요한 조건은 이제 곧은 삶이 되었다. 세상이 과거보다 훨씬 더 투명해졌기 때문이다. 세상적인 성공을 위해서도 이제 곧은 삶을 살아야 한다. 뿐만 아니라 내면의 성장, 스스로의 성장과 발전을 위해서도 반드시 어른의 삶은 곧아야 한다. 그래야 흔들리지 않고, 부침이 심한 세상에서 중심을 잡고 든든하게 살아나갈 수 있는 것이다. 그것이 어른이다.

문제는 이런 곧은 삶은 가르침이나 배움을 통해서 이룰 수 없다는 점이다. 이것은 어쩌면 탁월함과 일맥상통한 것인지도 모른다. 탁월함은 배우거나 가르칠 수 있는 것인가? 탁월함에 대해서 세계 최고의 철학자인 소크라테스는 이런 말을 남긴 적이 있다.

"소크라테스: 그런데 교사들도 없고 학생들도 없는 그런 문제는 가르쳐질 수 없는 것이라는 데 우리가 동의했지?

메논: 동의했습니다.

소크라테스: 그러면 탁월함의 교사들은 어디에도 없는 것으로 보이지 않는가?

메논: 그렇습니다.

소크라테스: 그런데 교사들이 없다면, 학생들도 없겠지?

메논: 그렇게 보입니다.

소크라테스: 따라서 탁월함은 가르쳐질 수 있는 게 아니겠지?"

플라톤의 〈대화편〉 중의 하나인 [메논]에 나오는 이 대화는 탁월함은 가르침이나 배움을 통해서 갖출 수 없는 것이라는 사실에 대해 소크라테스가 못을 박는 대목이다. 결국 탁월함은 스스로 구하고 얻어내야 하는 것이다. 이와 마찬가지로 곧은 삶, 훌륭한 삶도 그렇게 해야 한다.

2

누구나 절망을
경험한다

"대부분의 사람이 조용한 절망의 삶을 꾸려간다. 체념은 곧 절망으로 굳어진다. 우리는 절망의 도시에서 절망의 시골로 들어가 밍크와 사향쥐의 용기에서나 마음의 위안을 얻는 수밖에 없다. 진부하지만 무의식적인 절망이 인류의 오락거리와 유흥거리에도 감춰져 있다. 이런 기분풀이는 일한 후에나 가능하기 때문에 놀이하는 맛이 없다. 그러나 자포자기한 짓을 하지 않는 것이 지혜의 한 특징이다."

_〈헨리 데이비드 소로우, [월든] 중에서〉

인간은 살면서 누구나 조용한 절망의 순간을 경험한다. 소로우는 절망의 도시에서 나와 절망의 시골로 들어가 아주 하찮은 것들을 통해서 마음의 위안을 얻는 수밖에 없다고 이야기한다.

수많은 절망을 경험하면서도 한 가지, 자포자기한 짓을 하지 않는 것이 삶의 지혜라고 그는 이야기한다. 그렇다. 누구나 절망을 경험한다. 이것은 엄청난 성공을 거둔 사람도 마찬가지다. 한 나라의 대통령의 자리에까지 올라간 사람도 그렇다.

엄청난 슈퍼스타도 역시 절망을 경험하고, 매일 TV에서 보는 최고의 국민 배우도 역시 절망을 경험한다. 여기에 예외는 없다. 누구나 절망을 경험한다. 그러므로 당신은 자포자기해서는 안 된다. 자포자기 하지 않는 한 희망은 늘 존재하기 때문이다.

제일 똑똑한 사람은 참고 견디고 침묵하는 자가 아니라 자포자기하지 않고, 이 상황을 이겨내는 사람이다. 명심하자. 지혜로운 자는 잘 나갈 때 위기를 보기 때문에 결코 자만하지 않는다. 또한 역경 속에서는 숨어 있는 새로운 기회를 보기 때문에, 결코 비난하거나 자포자기하지 않는다.

누구나 절망을 경험하지만, 그런 절망을 이겨낼 수 있는 사람은 세상의 그 어떤 것에도 연연해하지 않는 자유로운 영혼이다. 그런 영혼을 가져라.

당신이 절망을 경험했다면, 자포자기하는 대신, 크고 대담하고 위험한 목표를 설정하고, 그 목표를 이루기 위해 전심전력하라. 원래 궁지에 몰린 쥐가 창의력을 발휘하는 법이다. 당신의 삶이 너무 편안했다면, 그것은 도태되는 것이고, 현실에 안주하는 삶이라는 방증이다.

크고 대담하고 위험한, 만만치 않은 목표를 가진 사람은 절망을 경험할 틈이 없다. 그것이 절망을 이기는 한 가지 방법인지도 모른다. 크고 대담하고 위험하고 만만치 않은 삶의 목표가 없는 사람은 이내 곧 지루하고 권태로운 삶을 살아가게 된다. 이런 사람이야말로 작은 절망에도 쉽게 자포자기하는 사람이다.

당신에게 필요한 것은 절망을 이길, 크고 대담하고 위험하고, 만만치 않은 목표다. 스스로 벼랑 위에 날마다 세우는 자는 절망에 빠질 여유도, 환경도 만들지 못 한다. 날마다 자신을 벼랑 위에 세우고, 날마다 자신의 한계에 도전하라. 그것이 절망을 이기는 유일한 방법이다.

빅토르 위고는 자신의 소설 [레 미제라블]에서 장발장을 통해 이런 말을 했다.

"죽는 것은 아무것도 아니다. 정말 무서운 것은 결코 살아보지 못하는 것이다."

우리가 두려워해야 할 것은 결코 살아보지 못한 채 살아가고 있다고 자신을 기만하는 삶이다.

진정한 삶이란 뼛속까지 느끼며 살아가는 삶이다. 뼛속까지 느끼면 살아간다는 것은 어떤 삶일까?

절망을 경험하지만 그것을 이겨내고 자신에게 또 다른 기회를 주고 살아가는 삶이다. 실패와 절망을 우리는 두려워해서는 안 된다. 우리가 정말 두려워해야 하는 것은 결코 제대로 살아보지 못하는 것이다.

니체는 자신의 대표작인 〔차라투스트라는 이렇게 말했다〕 라는 책의 초반부에서 십년 동안 고향 마을과 호수를 등지고 산속에서 고독을 음미하고 정신을 수양하며 지내다가 문득 자신이 깨달은 것들을 사람들에게 베풀고 나누고 싶은 열망에 사로잡히게 되어 산에서 하산하는 초인 차라투스트라에 대해 이야기를 풀어놓는다.

산에서 내려와 가장 처음 도착한 시장의 군중들에게 차라투스트라가 하는 말들 중에 하나가 바로 이 말이다.

"인간은 동물과 초인 사이에 놓인 하나의 밧줄, 심연 위에 매어진 하나의 밧줄이다.
인간의 위대성은, 인간이 하나의 다리일 뿐 목적이 아니라는데 있다.
인간이 사랑스러울 수 있는 것은,
인간이 하나의 과정(科程)이며 몰락(沒落)이라는 데 있다."

니체는 우리 인간이 하나의 완성체가 아니기에 실패하는 것에 대해 두려워하거나 부끄러워하거나 낙망하지 말라고 궁극적으로 말한다.

니체에게 있어 인간은 '하나의 시도'이며, 그것이 인간의 위대한 점이라는 것이다.

인간은 다리이고, 과정이고, 몰락이기에 끊임없이 시도하며 노력하지만 실패와 몰락도 이어서 따라오는 그런 존재이다. 그래서 노력하면 할수록 더 많이 방황하게 되는 존재이다. 이러한 사실에 대해 괴테도 자신의 저서인 〔파우스트Faust〕의 마지막 부분에서 이런 말을 했다.

"그가 지상에서 살고 있는 동안에는
네가 무슨 일을 하든 금하지 않겠노라
인간은 노력하는 한 방황하는 법이니라."

이 마지막 구절처럼, 인간은 노력하고, 노력하는 한 방황을 필연적으로 하게 되는 존재이다. 그렇기 때문에 방황에, 실패에, 몰락에 잘 대처할 수 있는 사람이 더 성공적인 삶을 살아갈 수 있게 되는 것이다.

3

자신의 방식대로
살아가라

"나는 누구에게 강요받기 위하여 이 세상에 태어난 것은 아니다. 나는 내 방식대로 숨을 쉬고 내 방식대로 살아갈 것이다. 누가 더 강한지는 두고 보도록 하자."

_〈헨리 데이비드 소로우, 〈시민의 불복종〉 중에서〉

돈을 많이 벌고 성공하는 것이 삶의 유일한 방식은 아니다. 전혀 다른 삶도 여전히 존재하고, 우리는 어떤 삶이 더 의미있고, 가치 있는 삶인지 쉽게 평가할 수 없다. 나름대로의 가치와 의미가 있기 때문이다.

남과 다르게 자신만의 방식대로 살아가고 있는 사람이 있다. 그는 바로 세계 최대의 아이스크림 기업인 베스킨라빈스의 상속자다. 하지만 그는 막대한 규모의 상속을 거부하고 환경운동가의 삶을 살고 있다. 그의 삶의 방식은 덜 쓰고 더 잘 사는 것이며, 그것이 그의 목표이기도 하다.

그가 원하는 것은 삶에서 스트레스를 덜 받고, 진정한 부를 더 많이 누리는 것이다. 그에게 있어서 진정한 부는 욕망을 줄이는 것이다. 그는 엄청난 양의 상속을 거부하고, 돈 없이 단순하게 사는 삶의 방식을 선택했다.

필자도 남과 다른 삶의 방식을 살았던 시기가 있었다. 10년 전의 일이다. 대부분의 중년 남성은 자신의 가족을 먹여 살리기 위해 돈을 버는 일을 제일 중요하게 생각하고 그 일에서 벗어날 수 없다. 하지만 필자는 그런 부양의 의무를 헌신짝처럼 내던져버리고, 3년 동안 도서관에 들어가서 책만 읽은 삶의 방식을 선택했다.

그리고 그 덕분에 지금은 대기업 임원보다 더 나은 삶을 살고 있다. 물론 경제적, 사회적 측면만을 말하는 것은 아니다. 인생의 모든 면에 있어서 그렇다는 것이다. 자신이 하고 싶은 것을, 좋아하는 것을 마음껏 할 수 있는 인생이 좀 더 자유로운 인생이다.

자신의 삶의 일부인 시간을 회사에 바쳐야 하는 월급쟁이의 삶은 현대판 노예 인지도 모른다. 그런 측면에서 작가의 삶은 시간적으로 훨씬 더 자유로운 삶이다. 일주일에 60시간씩 회사에 있어야 하고, 일해야 하는 슬픈 현실에서 벗어나는 그런 삶을 살고 있다.

남과 같은 방식대로, 남과 같은 삶을 살 필요도, 이유도 없다. 남과 다르게 사는 것이 더 좋을 때가 많다. 남과 다른 삶, 자신만의 방식대로 살아갈 용기만 있다면, 당신도 가능하다. 자신만의 인생, 자신만의 삶의 방식대로 살아가는 것이 더 멋지지 않을까? 행운을 빈다.

〈주역〉에 보면, '물극필반(物極必反)'이라는 말이 있다. 이 세상에 그 어떤 사물도 극에 달하면 반드시 반전을 일으킨다. 상승이 있으면 하강이 있고, 낮이 있으면 밤이 있고, 성공이 있으면 실패가 있는 법이다. 올라감이 있으면 내려감이 반드시 있는 것이다.

이처럼 인생에도 잘 나갈 때가 있으면 반드시 못 나갈 때가 있는 것이다. 모든 것은 반전이 있기 때문에, 자신의 방식대로 우직하게 나아가는 것이 매우 중요하다. 특히 자신의 방식, 자신의 견해, 자신의 판단, 자신의 의식을 따라 살아가는 것이 중요하다.

많은 사람들은 실패를 두려워한다. 하지만 자신의 방식대로 사는 사람은 실패를 실패로 생각하지 않는다. 바로 이런 이유에서 더 큰 성공을 남들보다 할 수 있는 것이다.

이런 사실에 대해 세계적인 경영 구루 중의 한 명인 세스 고딘(Seth Godin)은 이렇게 설명한다.

"성공하는 사람들이 성공하는 이유는 아주 단순하다. 그들은 실패를 다르게 생각한다.

　성공한 사람들은 실패를 통해 배운다. 하지만 보통 사람들이 배우는 교훈과 그들이 배우는 교훈은 조금 다르다. 처음부터 시도하지 말걸 그랬다고 후회하지 않는다. 자신은 똑똑한데 세상이 엉터리라고 한탄하지 않는다. 자신을 패배자라고 생각하지 않는다. 그들은 자신이 사용한 전략이 왜 작동하지 않았는지, 전략을 사용할 대상으로 삼은 사람들이 왜 반응하지 않았는지 배운다.

　지는 데 능숙한 사람들은 머지않아 이기는 사람들이 될 것이다. 지는 것을 무서워하면 저항에 힘을 실어줄 수 있으며, 자신은 승리할 가치가 없다는 죄책감에 젖게 만들 수 있으며, 어두운 영혼의 구석으로 숨어들게 만들지도 모른다. 그러지 말자."

　_〈출처: 세스 고딘, 〔린치핀(Linchpin)〕, p.171~1172〉

　지는 데 능숙한 사람은 자신만의 기준과 방식대로 살아나갈 배짱이 있는 사람들이다. 결국 이런 사람들이 승자가 된다.

　"자기 자신을 고집하고, 절대로 남을 흉내 내지 마라. 모든 위대한 사람은 독특하다."

　'콩코드의 철학자'로 불리는 미국의 철학자이자 시인인 랄프 왈도 에머슨(Ralph Waldo Emerson)은 타인과 비교하는 것과 남을 흉내 내는 그런 삶은 절대로 살지 말라고 설파한다. 모든 위대한 사람들을 살펴보면, 그의 말처럼 매우 독특하고 차별화되는 점을 가지고 있다는 사실을 알 수 있다.

피카소가 위대한 천재 화가인 이유는 이 세상에 피카소와 같은 화가가 없기 때문이고, 셰익스피어가 위대한 작가인 이유는 이 세상에 셰익스피어와 같은 작가가 없기 때문이고, 스티브 잡스가 위대한 혁신의 아이콘인 이유는 이 세상에 스티브 잡스와 같은 혁신가가 없기 때문이다.

모든 위대함은 비교 될 수 없다. 그런 점에서 모든 위대한 사람도 역시 비교될 수 없는 것처럼 모든 위대한 삶도 비교될 수 없는 것이다. 그렇기 때문에 당신이 위대한 삶을 살고 싶다면 타인을 흉내 내는 삶을 멈추고, 자기 자신만의 삶을 고집해야 한다.

사람들이 가장 많이 후회하게 되는 것 중의 하나는 자기 자신의 삶을 살지 못한 것이다. 아무리 많은 돈을 벌고, 아무리 높은 직위에 오른다 해도 자기 자신의 삶이 아니라 타인의 삶을 흉내 내는 삶이라면 그것에는 그 어떤 의미도, 가치도 없는 것이다.

당신 자신이 위대한 이유와 비밀은 당신이 다른 사람과 다르고 독특하다는 데 있다. 하지만 많은 사람들은 자신의 이 위대함의 본질인 독특함을 애써 사장시켜 버린다. 그래서 남들과 하나도 다르지 않는 길거리에서 쉽게 만날 수 있는 수많은 평범한 사람들 중에 한 명이 되고자 노력한다.

4

착하게
살아야 한다

"착한 일을 하는 사람에게는 하늘이 그에게 복으로 갚아주고, 착하지
않은 일을 하는 사람에게는 하늘이 그에게 재앙으로 갚는다."

_〈범립본, 명심보감〉

착하게 살면 하늘이 복을 내려서 잘 살게 해 준다. 하지만 나쁜
짓을 하는 사람은 나중에라도 꼭 그 나쁜 짓 때문에 인생이 잘 풀
리지 않게 된다. 그것이 세상의 이치다. 착하게 사는 사람은 자녀
들까지도 복을 받는다. 하지만 나쁜 짓만 하는 악인은 자손들도 화
를 면치 못 한다.

최근에 보면 그 사실을 잘 알 수 있다. 유튜브를 통해서 부와 명

예를 얻고, 인기를 얻은 유명 유튜버가 이제 좀 성공해서 잘 살게되는 것 같았는데, 갑자기 미투나 빚투 등이 나와서 하루아침에 인생이 종 치는 경우가 비일비재하다.

　이런 경우는 장관 후보로 지명된 사람들에게도 많이 나온다. 가문의 영광이 될 장관 후보 청문회에서, 과거에 착하지 않은 일을 한 것 때문에 장관이 되지 못 하고, 오히려 온 국민에게 창피만 당하고, 위신만 깎이는 경우가 흔하다.

　착하게 살아야 하는 이유는 이것뿐만이 아니다. 착하지 않은 일을 하면서 사는 사람이 하늘이 그에게 재앙을 내리기 전에 스스로삶이 망가지는 벌을 받게 된다. 욕심과 집착으로 찌든 삶은 절대행복할 수 없고, 감사와 기쁨과 평안이 넘치지 않는다. 이것만 해도 스스로 벌을 받는 것과 다름없다.

　인생을 잘 살기 위해서는 길게 내다보고 살아야 한다. 오늘만,지금 이순간만 중요한 것이 아니라 길게 오랫동안의 삶이 더 중요하다. 착하게 사는 사람은 형통한 삶을 살게 되지만, 남을 해치고,이유도 없이 괴롭히고, 타인에게 악성 댓글을 달고, 타인을 비판하고 깎아 내리는 사람은 그 자체로 스스로의 삶을 망치고 있다는 사실을 알아야 한다.

　그 이유는 무엇일까?

성공의 피라미드를 보면 가장 밑바닥에 있는 계층(가장 밑바닥인 사람들)과 가장 상위 계층에 있는 사람들(가장 성공한 사람들)은 모두 각각 공통점이 있다고 한다. 가장 성공한 계층의 사람들은 모두 이타주의자들이고, 가장 밑바닥에 있는 계층의 사람들은 이기주의자라는 공통점이 있다고 어느 학자가 쓴 책에 나와있다.

왜 그럴까? 이기주의자들은 타인이 성공하고 부자가 되면 배가 아프고, 짜증이 나고, 세상과 타인에 대해서 분노가 생긴다. 이렇게 분노가 생기는 것만 해도 스스로 몸을 괴롭히고, 건강하지 못한 상태가 될 뿐만 아니라 자신의 일과 생활에 오롯이 집중하지 못하기 때문에 자신의 분야에서도 인정받지 못하게 된다.

이타주의자들은 타인이 성공하면 진심으로 축하해주고, 기뻐해준다. 그런 좋은 마음으로 세상을 살기 때문에 세상과 타인에 대해서 분노가 아닌, 감사와 기쁨으로 하루하루 살아갈 수 있다. 그리고 감사와 기쁨으로 하루하루 살아가는 사람은 자신의 일과 생활에도 오롯이 집중할 수 있다. 그래서 자신의 분야에서도 남보다 더 좋은 성과를 창출할 수 있고, 사회적, 경제적으로 보상을 받게 되고, 인정받는 사람이 된다.

자신보다 먼저 남을 먼저 생각하고 배려하고 존중하는 사람의 삶은 행복하고 성공적일 수밖에 없다. 세상의 이치가 그런 것이다. 하지만, 이기적인 사람은 자신의 것만 중요시하기 때문에 사회생활에서 늘 불이익을 스스로 자초하게 되고, 그 결과 불행하고 실패하는 인생을 맛보게 되는 것이다.

착한 사람은 자신보다 나라와 민족을 먼저 생각하는 사람이다. 이런 사람에게 하늘은 늘 복을 주고, 힘을 주고, 재능을 준다. 착한 사람은 자신보다 먼저 타인을 생각하고, 더 큰 나라와 민족을 생각하기 때문에, 세상을 보는 시각이 남과 다르다. 보통 사람들은 세상의 어두운 면을 많이 본다. 그래서 쉽게 좌절하고 분노하고 포기하고 체념한다. 하지만 자신보다 나라와 민족을 먼저 생각하는 사람들은 세상의 밝은 면을 보고, 가능성을 보고, 어떤 환경에서도 절대 포기하거나 절망하지 않는다.

이 순신 장군이 바로 이런 유형의 인물이었다. 이순신 장군은 자신의 모든 정신을 하나에 모으고, 정신을 흐트러뜨리지 않기 위해서 기도를 했고, 긍정적으로 삶을 바라보았던 인물이었다.

'신에게 전선이 아직도 12척이 있습니다.'

그가 한 이 유명한 말에서 우리가 배워야 할 것은 그가 '겨우 12척 밖에 없습니다.'가 아니라 '아직도 12척이 있습니다.'라고 말했다는 사실이다. 이 사실에서 우리는 절대 긍정의 힘을 배워야 한다.

우리가 이렇게 삶의 어두운 부분이 아니라 밝은 부분을 봐야 하는 이유는 밝은 부분을 볼 때 자포자기(自暴自棄)에 빠지지 않을 수 있을 뿐만 아니라 거의 불가능해 보이는 상황에서도 해낼 수 있는 힘과 에너지를 얻을 수 있고, 또 다시 도전할 수 있게 되기 때문이다. 또한 그렇게 도전할 때 불가능해 보였던 것들도 모두 우리 앞에 무릎을 꿇게 되는 것이다.

패잔병으로 구성된 13척의 조선 수군으로 133척의 왜군과 싸워 크게 승리할 수 있었던 것은 이순신 장군의 불굴의 정신 때문에 가능했다고 할 수 있다. 그리고 그렇게 역사에 길이 빛나는 승리를 이끈 불굴의 정신의 본질은 참담한 현실조차도 긍정적으로 바라볼 수 있는 자세라고 할 수 있다. 그리고 이런 자세는 자신보다 타인을 먼저 생각하고, 나라와 민족을 먼저 생각하는 사람들에게 나온다.

이러한 이순신의 모습을 잘 보여주는 책이 바로 〔그는 어떻게 이순신이 되었나〕라는 책이다. 그 책에 보면 이런 대목이 잘 설명되어 나온다.

"그는 어려운 상황에서도 언제나 긍정적인 부분을 먼저 보았고, 위기 속에서도 희망을 떠올렸다. 우선순위에 따라 판단하고, 조급함이나 부정적인 생각을 피했다. 현실을 인정했지만 해결방법을 먼저 고민했다. 그에게 패배감이나 두려움, 혼란과 같은 부정적인 생각은 왜군처럼 극복하고 이겨내야 할 대상이었다. 이순신의 낙관적인 태도가 가족에게 안정감을 주고, 부하들의 사기를 높여 어떤 문제든 신속하게 대처할 수 있도록 해 주었다. 또한 문제가 생겨도 긍정적인 생각을 먼저 했기 때문에 부정적인 생각이 일으킬 수 있는 과도한 처벌이나 책임 전가를 피할 수 있었다."

_〈박종평, 〔그는 어떻게 이순신이 되었나〕, 27쪽〉

실제로 난중일기를 보면, '그런대로 완전하니 기쁘다.', '그나마 왜적이 아니라서 기쁘고 다행이었다.', '이 난리 중에서도 다행한 일이다.', '이것만도 다행이다.', '이 역시 다행한 일이다.', '심하게 타지 않아 다행이다.'와 같은 매우 낙관적인 표현, 기뻐하고 긍정하는 표현들이 많이 나온다.

이것은 이순신 장군이 참담한 현실 속에서도 스스로 삶의 밝은 부분을 바라보고 잃어버린 기쁨을 회복하며 위안을 얻고 기뻐하고 즐거워하면서 새로운 힘과 용기와 에너지를 충전시키고 있다는 것을 알 수 있다.

이기적인 사람보다 이타적인 사람이 훨씬 더 행복하고 즐겁고 기쁜 삶을 누릴 수 있는 이유가 바로 이것이다. 전쟁 통에도, 왜군이 전 국토를 무참히 짓밟고 유린하는 그 최악의 상황에서도 우리는 '빼앗긴 들에 찾아온 봄을 통해 기뻐할 수 있는 절대 긍정의 힘'을 가져야 한다.

아이러니하게도, 자신만 생각하는 이기적인 사람에게는 이런 세상을 볼 수 있는 시각이 존재하지 않는다. 타인을 먼저 생각하는 이타적인 사람에게 세상의 밝은 면을 볼 수 있는 시각이 존재한다는 사실을 명심하자.

코로나19로 전 세계가 힘든 삶을 보내고 있다. 하지만 이타적인 사람들과 이기적인 사람들의 생각과 관점은 전혀 다르다. 이기적인 사람은 '코로나로 인해 불평과 불만만 쏟아내고', '자신의 삶이 망가지는 것에 대해 원망하고, 세상 탓을 하고, 미래에 대한 걱정, 근심, 염려, 두려움'으로 하루하루 보내고 있다. 하지만 이타적인 사람들은 다르다.

비록 동일한 환경에서 살고 있지만, 타인과 세상을 먼저 생각하기에, '그럼에도 불구하고 이겨낼 수 있고, 버틸 수 있음에 감사하고 기뻐하고, 멀지 않아 백신과 치료제가 나와서, 코로나 이전의 삶으로 돌아갈 것이라는 희망과 기대로 가득 차 있는 삶'을 살고 있다. 이순신 장군이 '겨우 12척 밖에 없습니다.' 라고 하지 않고, '아직도 12척이나 있습니다.' 라고 말한 것처럼 말이다.

착하게 사는 사람이 더 행복하고 더 즐겁고 더 성공할 수 있다.

5

쉼 없이
나아가라

　"'어디에서 왔는가'가 아니라 '어디로 가는가'가 무엇보다 중요하고 가치 있는 것이다. 영예는 거기에서 주어진다. 어떤 미래를 목표로 하는가? 현재를 뛰어넘어 얼마나 높은 곳으로 가려고 하는가? 어느 길을 개척하여 무엇을 창조해 갈 것인가? 과거에 얽매이고 아래에 있는 인간과 비교하여 자신을 칭찬하지 마라. 쉬지 말고 앞으로 나아가라. 그럭저럭 현재에 만족하며 주저앉지 마라. 쉬지 말고 앞으로 나아가라. 보다 높은 곳을 향해 나아가라."

　_〈니체, 차라투스트라는 이렇게 말했다.〉

　니체의 이 말을 명심하자. '보다 높은 곳을 향해 나아가라.' 그렇다. 어른의 삶이라면 최소한 어제보다 오늘이, 오늘보다는 내일이 더 나은 삶이 되도록 쉼없이 나아가는 삶이어야 한다. 그렇다고 해서 자신의 능력을 뛰어넘어 불가능한 것을 하라는 이야기는 절대 아니다.

자신이 할 수 있는 범위안에서도 얼마든지 날마다 성장하고 도약하는 사람이 될 수 있다. 그렇게 매일 성장하는 사람은 멀지 않아 상상도 못한 수준까지 올라가게 된다. 동양에서도 주역이라는 책에 '자강불식'이라는 말이 나온 적이 있다. 니체의 이 말과 일맥상통한 내용이다

"하늘의 운행이 굳세니, 군자가 이것을 응용하여 스스로 힘쓰고 쉬지 않는다."

자신의 삶을 드높이기 위해서는 위인들은 끊임없이 스스로 노력했다. 절치부심, 발분망식, 와신상담 등의 말이 이런 의미이다.

인생의 참 된 의미는 즐기고 쉬고 편한 삶에 있지 않다. 숭고한 목표를 가지고 끊임없이 나아가는 자는 아름답기까지 하다. 숭고한 목표가 아니더라도 어제보다는 오늘이, 오늘보다는 내일이 더 나은 존재가 되기 위해 쉼 없이 나아가는 자, 자강불식하는 자는 박수를 받을 만하다.

인생을 너무 쉽게 편하게 살려고 하지 마라. 그런 것들은 소인배들이나 하는 것이다. 군자라면, 리더라면, 의식이 높은 사람이라면, 늘 보다 높은 곳을 향해, 더 나은 존재로 자신을 만들어가기 위

해 쉬지 않고 앞으로 나아가야 한다.

인생의 참된 의미를 니체는 한 마디로 말한 적이 있다. 더 나은 존재로 자신을 드높이는 것이라고 말이다. 그렇다. 우리는 어디에서 왔는가가 중요한 것이 아니다. 그것은 아무도 모른다. 하지만 어디로 가는가는 자신이 결정할 수 있고, 모든 명예는 바로 여기서 결정짓는다.

당신의 수준을 결정하는 것은 어디서 왔느냐가 아니라 어떤 목표로, 얼마나 높은 곳으로 가려고 하는가이다. 그렇게 하기 위해서는 절대 과거에 얽매이면 안 된다. 아래에 있는 인간과 비교하지 말고, 자신의 현재와 스스로 비교하면서 더 나은 존재가 되기 위해 노력해야 한다.

가장 어리석은 인간은 타인과 비교를 하는 사람이다. 타인과 비교하지 말고, 자신과 비교해야 한다. 어제의 나 자신과 비교해서 조금이라도 더 성장하지 못했다면 그것은 부끄러운 일이다.

인간과 짐승이 다른 이유는 바로 여기에 있다. 인간은 늘 발전하고 성장하고 과거의 일을 통해 반성하면서 더 전진해 나간다는 점이다. 발전하지 않고 성장하지 않는 사람은 짐승과 다를 바 없다. 인간이라면 최소한 더 발전하고 더 성장해야 한다. 그것도 날마다 말이다.

'일일신 우일신'이라는 말도 바로 이런 맥락에서 나온 말이다. 최소한 선비라면, '괄목상대'할 수 있어야 한다.

오(嗚)나라 손권(孫權)의 부하 중에 여몽(呂蒙)이라는 장수(將帥)가 있었다. 졸병에서 장군(將軍)까지 되었다. 하지만 한 가지 단점은 배운 것이 없어서 너무 무식(無識)하다는 것이었다. 장군이지만, 부하들이 존경하지 않고 무식하다고 업신여긴다면 큰 일이 아닐 수 없었다.

그래서 보다 못한 손권(孫權)은 그에게 공부를 하라고 조언을 했다. 이때부터 여몽은 전장(戰場)에서도 손에서 책을 놓지 않고 목숨을 걸고 전쟁을 하듯, 공부하고 또 공부했다.

얼마 후 놀라운 일이 벌어졌다. 뛰어난 학식(學識)을 가진 노숙(魯肅)이 여몽(呂蒙)을 찾아갔다.

노숙(魯肅)은 여몽(呂蒙)과 막역(莫逆)한 친구(親舊)여서 여몽(呂蒙)을 누구보다도 잘 알고 있었다. 그래서 그와 얘기를 나누는 사이 그의 박식(博識)함에 깜짝 놀라면서

"이 사람 언제 그렇게 공부했나? 이제 오(嗚)나라 있을 때 여몽(呂蒙)이 아닐세……."

"선비가 헤어진 지 사흘이 지나면 눈을 비비고 다시 대해야 할 정도로 달라져 있어야 하는 법이라네."

바로 이 이야기에서 나온 말이 '괄목상대(刮目相對)'이다. 당신은 매일 괄목상대할 정도로 성장하고 있는 사람인가?

"인간은 결국 자기 그릇에 걸맞은 인생밖에 걸을 수 없다."

실존철학자 사르트르의 이 말은 우리가 인생을 바꾸기 위해서는 우리의 그릇을 바꾸어야 한다는 의미를 내포하고 있다. 자기 그릇을 키우거나 줄일 수 있는 사람은 이 세상에서 당신뿐이다. 이것은 부모도 선생도 해주지 못한다.

자기 그릇을 키우기 위해 우리가 할 수 있는 것들 중의 하나가 자기 자신에게 더 많은 기회를 스스로 주는 것이고, 다양한 도전을 하는 것이다. 그렇다. 쉼없이 나아가는 것이다. 그것이 삶의 유일한 목표여야 한다.

비우는 것이 삶의 최고의 경지다

"당신은 이러저러한 일을 보았는가? 그렇다면 일의 다른 일면도 주의 깊게 보아야 한다. 자신을 흐트러뜨리지 말라. 스스로를 단순화시켜라. 누군가 당신에게 해를 입히는가? 그는 자신에게도 해를 입히는 것이다. 당신에게 어떤 일이 일어났는가? 개의치 말라. 태초부터 우주에서 일어나는 모든 일은 당신에게 주어진 것이고 당신의 운명에 들어 있는 것이다. 요컨대 당신의 인생은 짧다. 이성과 정의의 도움을 받아 현재를 이용하는 데 집중하라. 긴장을 늦추면서도 깨어 있으라."

_〈로마제국의 제 16대 황제로 5현제(賢帝)의 마지막 황제인
마르쿠스 아우렐리우스, 〔명상록〕 중에서〉

1

비우는 것, 단순함이 최고의 경지며, 경쟁력이다

"학문을 구하면 매일매일 불어나고 도를 구하면 매일매일 줄어든다. 줄이고 줄어 결국에는 무위의 경지에 이르게 된다."

_〈[노자], 제48장〉

삶의 최고 경지는 비우는 것이다. 우리는 모두 더 많이 모으려고 하고, 더 높이 올라가려고 한다. 물론 좋다. 자신을 더 나은 존재로 만드는 것은 삶의 최고의 목표가 되어야 한다. 그렇다면 여기서 잠깐 생각해보자.

더 나은 존재가 된다는 것은 삶의 격이 더 높아진다는 것을 의미한다. 졸부가 되어 재산은 더 많아졌지만, 삶의 격이 더 추락해서 더 형편없는 존재가 되는 사람들도 많다. 반대로 재산이나 명예, 혹은 사회적 지위는 더 낮아졌지만, 삶의 격이 더 높아져서 더 위대한 존재가 되는 사람도 있다.

후자의 경우가 바로 지미 카터 전 대통령이다. 그는 미국의 39대 대통령이었다. 하지만 그의 진짜 인생은 대통령 재임 때가 아니라 대통령 직에서 물러난 이후 20년 동안이었다. 그는 1977년부터 1981년까지 미국의 대통령이었다. 하지만 퇴임 한 후부터 그는 자신의 삶을 비우고, 인권개선을 위해 비영리단체인 '카터 센터'를 설립하였다.

그는 일반인의 신분으로 전 세계를 다니면서 집이 없는 사람들에게 무료로 집을 지어주는 헤비타트 운동을 전개했고, 전 세계의 평화를 위해서 평화 협정을 맺기도 하고, 못 먹고 못 사는 후진국에서도 질병 퇴치 운동을 하기도 한다. 그의 업적은 결국 노벨평화상을 2002년에 수상하게 해 주었다.

더 높은 곳으로 올라가고, 더 많은 재산을 가지는 것만이 최고의 삶이 아니다. 자신의 삶을 비우는 것이 최고의 삶이며, 더 나은 존재가 되는 길이다.

지미 카터 전 대통령의 삶에서 우리는 진정한 인생을 배워야 한다. 진짜 어른의 삶은 지미 카터 대통령의 인생이다.

이익만큼 인간을 움직이게 하는 무기는 없다. 인간에게는 욕심이 있기 때문이다. 문제는 욕심을 버릴 수 있는 사람만큼 강한 자도 없다. 욕심을 내기 때문에 더 큰 화를 받는 것이다.

비우는 삶은 최고의 경지이며, 단순함은 최고가 되게 해 준다는 사실을 알 수 있게 해 주는 말이 있다. 바로 이 말이다.

'여우는 많은 것을 알고 있지만 고슴도치는 하나의 큰 것을 알고 있다.'

20세기를 대표하는 위대한 자유주의 사상가이자 영국의 철학자이자 정치사상가인 이사야 벌린(Isaiah Berlin)의 수필 〈고슴도치와 여우(The Hedgehog and the Fox)(우리는 톨스토이를 무엇이라 부르는가)〉에 나오는 이 말은 고대 그리스 시인 아르킬로코스의 말에서 비롯된 말이다.

그는 자신의 이 책에서 인간을 두 가지 유형으로 나누어 인간을 바라보는 방법인 고슴도치형과 여우형으로 나누어, 톨스토이를 비롯해서 수많은 지식인들을 언급하고 분석한다. 그러다가 〈좋은 기업을 넘어, 위대한 기업으로(Good to Great)〉의 저자인 짐 콜린스가 이 두 가지 유형을 기업의 전략으로 승화시켜 해석하기에 이르렀다.

짐 콜린스는 좋은 기업에서 위대한 기업으로 도약한 위대한 경영자들이 사용한 전략은 꾀가 많고, 약삭빠르고 이것저것 눈치 빠르게 여러 가지 전략을 상황에 맞게 구사하는 그런 여우의 전략이 아니라, 미련하고 바보스럽기 까지 보일 정도로 우직하게 하나의 크고 단순한 전략을 구사하는 그런 고슴도치 전략이라는 사실을 밝혀냈던 것이다.

여우와 고슴도치가 싸우게 되면, 여우는 고슴도치를 이기기 위해 다양한 전략을 구사한다. 하지만 여우에 비해서 고슴도치의 전략은 너무나 단순하다. 그저 우직하게 몸을 웅크리고 자신의 가장 큰 무기이자 자신이 가장 잘 할 수 있는 것이자, 자신이 할 수 있는 유일한 것인 가시를 세우는 것뿐이다.

하지만 승자는 언제나 고슴도치이듯, 이 책에서 짐 콜린스가 언급하는 많은 위대한 기업들은 모두 '고슴도치의 웅크리고, 가시세우기'와 같은 단순한 전략으로 위대한 기업으로 도약을 하고 승리를 거머쥐었다.

우리의 인생 전략도 이와 다르지 않다.

성공하는 사람과 실패하는 사람, 부자와 가난한 사람, 고수와 하수, 대가와 평범한 사람들의 가장 큰 차이는 한 마디로 '단순함과 복잡함'이라고 할 수 있다.

위대한 과학자 아인슈타인은 세상의 모든 복잡한 원리를 단순한 하나의 공식에 다 집어넣어 단순화 했던 것이다. 그의 위대함은 바로 이러한 단순함에 있는 것이다. 인류에게 스마트폰 혁명을 선사해 준 위대한 혁신의 아이콘인 스티브 잡스의 아이폰에 세상이 열광하게 된 단 한 가지 이유는 '비움을 통한 단순함'이었다.

고수는 비우는 방법을 알고, 비울 줄 안다. 그래서 최대한의 단순함을 자신의 최고의 무기로 삼을 줄 안다. 당신에게는 이런 비움, 단순함이 있는가?

복잡한 현대 경영에 있어서도 비움은 최고의 경쟁 전략이다. 비움을 통한 단순함은 또한 최고의 경쟁력이다. 그리고 그 단순함은 이 시대를 알게 모르게 지배하고 있고, 인류를 사로잡고 있다. 이러한 사실을 잘 나타내 주는 대목을 '행동 심리학이 파헤친 인간 내면에 관한 매혹적 통찰'에 대한 책인 〔언씽킹(Unthinking)〕이란 책에서 살펴 볼 수 있다.

"위에 적힌 10개의 제목과 4개의 이름을 보면 '간결함'이라는 그들의 공통적인 특징에 매료되지 않기는 어려울 것이다. 상위 5위권에 드는 책들의 제목은 평균 9글자다. 상위권의 영화들은 평균 10.4글자다. 최고의 제품들은 평균 6글자다.

2000년 페더럴 익스프레스는 자사의 이름이 너무 길다는 사실을 인식하고는 페덱스(FedEx)라고 획기적으로 줄였다. 스스로를 애플(Apple)처럼 간결하게 보이도록 만든 것이다."

(해리 벡위드, [언씽킹], 240~241쪽)

알게 모르게 우리는 단순한 것, 간결한 것, 심플한 것에 사로잡히는 경향이 있다. 이러한 사실은 2012년 베스트 글로벌 브랜드를 조사한 인터브랜드의 결과에서도 쉽게 찾아 볼 수 있다.

1위에서 10위까지 기업들을 살펴보자.

1위, 코카콜라 (4자)

2위. 애플 (2자)

3위. IBM (3자)

4위. 구글 (2자)

5위. MS (2자)

6위. GE (2자)

7위. 맥도널드 (4자)

8위. 인텔 (2자)

9위. 삼성(2자)

10위. 도요타 (3자)

글로벌 브랜드들은 모두 간결하고 심플하다. 이들은 비움의 힘을 아는 것이다. 그리고 그것이 글로벌 브랜드로 도약하는 데 엄청난 영향을 주었다는 사실을 우리는 알 수 있다. 마이크로소프트사를 우리는 알게 모르게 MS 라고 부른다. 제너럴일렉트릭을 우리는 알게 모르게 GE라고 부른다.

'The simple is the best'

세계적인 햄버거 체인 맥도널드의 초기 전략처럼 맥도널드가 세계적으로 여전히 승승장구할 수 있는 것은 맥도널드가 선택한 단순함의 전략 때문이라고 할 수 있다. 다양한 메뉴를 많이 만들어 팔지 않고, 타겟과 제품을 단순화하여 파는 것을 통해 오랫동안 장수하는 장수 기업이 될 수 있었던 것이다.

2

만족함을 아는 것이 복이다

"만족함을 모르는 것보다 더 큰 화는 없다.
얻고자 하는 탐욕보다 더 큰 허물은 없다.
만족할 줄 아는 사람만이 영원히 만족한다."

_〈[노자], 제46장〉

노자의 말처럼 만족함을 모르는 것보다 더 큰 화는 없다. 탐욕보다 더 큰 허물도, 실수도 없다. 만족할 줄 아는 사람은 최고로 지혜로운 사람이며 복된 사람이다.

왜 우리는 욕심을 멈출 수 없는 것일까? 그것은 우리의 마음에는 신과 악마가 공존하는 전쟁터이기 때문이다. 도스토옙스키는 인간의 마음을 일컬어 신과 악마가 싸우는 전쟁터라고 말한바 있다. 그의 주장은 옳았다.

슬기로운 사람일수록 행동을 삼가고, 마음을 잘 관리하려고 노력한다. 그 이유가 바로 이것이다. 우리 마음은 항상 선과 악이 싸우고 있기 때문이다.

"무릇 지킬만한 것보다 더욱 네 마음을 지키라. 생명의 근원이 이에서 남이니라."

솔로몬이 쓴 잠언에 나오는 이 말처럼, 마음을 지키고, 욕심을 버리고, 만족함을 아는 사람은 복이 있는 사람이며, 장수할 수 있는 사람이다. 현대인들의 건강을 해치는 1순위는 주림이 아니라 과식, 폭식이다.

노자老子의 〔도덕경道德經〕 40장에는 매우 역설적인 표현이 나온다.

"반자도지동 약자도지용(反者道之動 弱者道之用)"

이 말은 '거꾸로 가는 것이 도의 운동이고, 약한 것이 도의 운용이다.' 라는 뜻이다. 다시 말해 그 의미를 좀 더 확장시켜 본다면, 남들과 반대로 생각하고, 반대로 가는 것이 제대로 가는 것이며, 강한 것이 강해지는 것이 아니라, 약한 것이 더 강하므로 더 많이 사용하게 된다는 것을 말하고 있다. 매우 놀라운 주장이다. 그래서 노자는 역시 노자다.

　이 말을 언급하는 이유는 무엇일까? 우리의 삶에 있어서도, 모든 번잡한 욕심을 끊어 버리는 것이, 이 세상의 모든 아름다운 것과 연결되는 길이라는 역설적인 사실이 그대로 적용된다고 하는 사실을 말하고 싶어서이다.

　또한 그의 말 중에는 이처럼 매우 역설적인 말들이 많다. 그 중에는 '한 발짝 뒤로 물러서라. 그러면 오히려 앞에 서게 될 것이다. 한 발짝 밖으로 비켜서라. 그러면 오히려 안에 있게 될 것이다.' 라는 말도 있다. 다른 말로 하자면, 결국 '뒤로 가는 것이 앞으로 가는 것이다.' 라고 말해도 될 것이다.

　다시 말해, 만족할 줄 아는 사람이 세상에서 가장 많은 것을 가진 자라고 말할 수 있는 것이 아닐까? 이런 이치로 본다면, 누군가를 다스리고 군림하려고 하면 결코 오래 가지 못 한다. 하지만 그들의 위에 있고자 할수록, 자세를 낮추고, 그들을 섬기고, 받들게 되면, 오히려 오랫동안 그들의 위에 있을 수 있게 된다는 심오한 이치를 잘 말해 주고 있는 말이다.

　이런 이치 때문에 만족함을 아는 사람이 더 부자라는 사실을 우리는 알아야 한다. 아무리 돈이 많아도 만족할 줄 모르고, 끝없이 욕심을 내고, 돈을 벌려고 하는 사람은 세상에서 가장 가난한 사람이라는 역설이다.

우리가 헛되이 낭비할 수 있는 하루하루 일상에 대해 당신은 또한 어느 정도 만족함을 아는 가? 일상에 대해 만족함을 아는 사람은 일상을 허투루 보내지 않고 위대한 도약을 위한 발판으로 삼는 사람들이다.

하루하루 우리가 살아가는 일상이 얼마나 소중하고 중요한 것인지를 아는 사람은 만족함을 아는 자이다. 당신은 일상에 얼마나 만족하며, 그 일상을 제대로 보내면서 살고 있는가? 아니면 하루하루 시간만 낭비하면서 아무 것도 이루지 못 하면서 살고 있는가?

일상을 잘 이용하여 위대한 철학자가 된 사람이 바로 비판철학을 통해 서양 근대철학을 종합한 철학자 임마누엘 칸트이다. 집안이 부유하지 못한 그 당시의 대부분의 학자들이 그러했던 것처럼, 칸트는 생계를 위해 20대 초반부터 30대 때까지 가정교사로 일을 했다.

그는 어려운 가정형편 탓에 당시로서는 늦은 나이인 31세에 박사 학위를 받을 수 있었다. 하지만 박사 학위를 받았다고 삶이 급격하게 좋아지는 것은 아니었다. 박사 학위를 받고 나서도 15년 동안, 즉 정식으로 대학 교수가 되기 전까지 빡빡하고 평범한 일상을 보내야 했다.

그래서 그는 30대 초반부터는 오늘날 대학의 시간 강사와 비슷한 사(私)강사를 40대 중반까지 하면서 살았다. 하지만 이러한 시간 강사 수강료로는 생계를 유지하기 어려운 수준이었다. 그래서 생계를 유지하기 위해서 도서관 사서로 일을 하면서 수입을 보충

하며 살았다.

우리가 알고 있는 위대한 철학자 칸트가 이러한 일상적인 삶을 살았다는 것을 우리는 잘 알아야 한다. 일상 속에서 우리가 어떤 행동과 생각을 하면서 사느냐에 따라 10년 후 후회하지 않는 인생을 맞이하게 될 것인지 아닌지가 결판나기 때문이다.

하지만 칸트는 이런 빡빡한 일상 속에서도 철학을 연구하기를 멈추지 않았다. 그가 15년 동안 사강사로 지내던 동안에 그는 베를린 학술 아카데미 논문 공모전에서 2등을 차지하기도 했다. 이러한 사실은 그가 힘든 일상 속에서도 공부를 멈추지 않았음을 잘 보여 주는 사실이다.

칸트가 정식 교수로 임용된 것은 40대 후반이었다. 하지만 칸트는 평생 동안 철학적 성찰을 게을리 하지 않았다. 그의 철학적 업적은 그가 가정교사로, 시간강사로, 도서관 사서로 일하면서 철학을 게을리 하지 않고 평생 동안 꾸준히 해 온 결과라고 해도 과언이 아닐 것이다.

칸트는 20대 초반부터 40대 중반까지 남들과 다를 바 없는, 오히려 그렇게 대우가 좋은 직장을 다니지 못 했음에도 꾸준히 일상 속에서 철학을 연구하고, 서양 근대철학의 토대를 착실하게 밟아 나갔던 것이다.

우리는 칸트에게서 일상의 삶 속에서도 얼마든지 위대한 일을 해 나갈 수 있다는 사실에 대해 배워야 할 것이다. 이것은 일상에 얼마나 만족하며, 충만하게 삶을 헤쳐 나가느냐에 달려있다고 볼 수 있다. 칸트처럼 일상을 통해 위대한 철학자의 반열에 오른 사람이 또 한 명 있다. 바로 르네 데카르트다.

위대한 철학자인 그는 부유한 법률가 집안에서 태어났고, 학창 시절 고전과 논리학, 신학, 수학 등을 공부했고, 대학에서 법률학 석사학위를 받기도 했다.

하지만 그는 판사가 되는 길을 선택하지 않았다. 그는 직업 군인이 되는 길을 선택하여 유럽 곳곳을 다녔다. 30대 초반이 되어서야 그는 오랜 방랑을 접고 네덜란드에 정착했다. 그런데 그는 그곳에서 무려 20년 이상 은둔 생활에 가까운 소박하고 고독하고 외로운 삶을 살았다.

그러한 고독하고 외롭고 소박한 20년 동안의 그의 사소한 일상을 통해 그는 〈방법서설〉 〈성찰〉 등과 같은 그의 대표작들과 대부분의 그의 작품들을 집필할 수 있었던 것이다. 위대함은 우리의 일상에 숨겨져 있다.

3

아등바등
살지 마라

'헛되고 헛되며 헛되고 헛되니 모든 것이 헛되도다. 해 아래에서 수고하는 모든 수고가 사람에게 무엇이 유익한가?'

_〈전도서〉

세상의 모든 것이 다 가짜인데, 무엇을 그렇게 쫓으면서 살고 있는가? 해 아래에서 수고하는 모든 수고가 다 무익하다고 전도서에서는 말하고 있다. 그렇다. 아등바등 살지 마라. 하루하루 즐기면서 누리면서 주어진 것에 감사하며 사는 삶이 가장 행복한 삶이다.

최고가 되려고, 부자가 되려고, 아등바등 살지 말고, 너무 무리하지 마라.

바다가 바다를 이룰 수 있는 이유는 가장 낮은 곳에 있기 때문이며, 태산이 태산을 이룰 수 있는 이유는 한 줌의 흙도 사양하지 않기 때문이다. 이처럼 우리가 좀 더 나은 삶을 살고자 한다면, 좀 더 여유를 가져야 한다. 특히 가장 낮은 마음을 가져야 한다. 그럴 때, 남들이 보지 못하는 새로운 길을 볼 수 있기 때문이다.

필자가 아등바등살았다면 지금도 여전히 현대판 노예의 삶을 살아야 했을 것이다. 하지만 아등바등살지 않았기 때문에, 억대 연봉이 보장된 대기업을 박차고 나와서, 도서관에서 백수의 생활을 무작정했다. 그것이 바탕이 되어, 지금은 다른 사람보다 더 자유로운 삶을 살 수 있게 되었다.

아등바등 살지 않는다는 것은 무엇일까? 그것은 너무 높은 마음을 가지지 않는 것이다. 가장 낮은 마음을 가질 때, 세상의 모든 좋은 것들과 참된 가치와 삶의 의미와 소명이 자신에게 흘러들어 오게 되는 것이다. 그렇게 될 때, 우리는 참 된 자신을 발견할 수 있고, 참 된 삶을 살아 나갈 수 있게 되는 것이다. 마치 바다처럼, 태산처럼 말이다.

가장 낮은 마음을 가진다는 것은 그렇다면 무엇인가? 세상의 모든 것과의 복잡한 관계를 끊어 버리는 것이다. 세상과 타인에 대해 너무 많은 것을 기대하거나 요구해서는 안 되고, 너무 큰 것에 대해 욕심을 내지 않는 것을 의미한다. 욕심과 집착이 있는 사람은 늘 세상과 타인에 대해 연연해 하는 것이다. 무엇인가에 연연해 한다는 것은 아등바등 살고 있다는 증거다.

'일일청한 일일선'이라는 말이 있다. 필자가 가장 좋아하는 말이다. 필자가 3년동안 도서관 백수로 생활할 때 이런 삶을 조금 살아 봤다. 이 말은 '하루 동안 마음이 맑고 한가로우면 그 하루는 신선이다.' 라는 말이다.

욕심이 없고, 아등바등살지 않는 삶은 바로 이런 삶이다. 욕심과 집착이 없기 때문에 마음이 맑고 한가롭다. 그래서 그런 순간은 신선과 다를 바 없이 세상의 모든 좋은 것을 누릴 수 있다.

과거에 수많은 사람들이 세상과의 관계를 끊기 위해, 속세를 떠나 깊은 산 속으로 들어갔겠는가? 바로 가장 평화로운 마음을 얻기 위해서인 것이다. 그런 삶이 아등바등 살지 않는 삶이고, 그런 삶에서 사람은 가장 평화로운 삶을 살 수 있다.

우리는 속세에 살면서, 속세를 떠난 사람들이 누린 마음의 평화와 기쁨을, 그리고 그들이 누린 최고의 삶을 누리고자 한다. 그렇게 하기 위해 우리가 해야 하는 것은 아등바등 살지 않는 삶이다. 그리고 그렇게 하는 최고의 방법은 세상의 모든 것에 연연해 하는 마음의 끈을 끊어 버리고, 마음을 완전하게 비우는 것이다.

그렇게 아등바등 사는 삶에서 벗어나, 욕심과 집착에서 벗어나면, 이상하게도 세상의 온갖 좋은 것들과 삶의 진정한 가치와 의미가 흘러들어오게 된다. 내려놓을 때 우리는 삶을 다시 얻게 된다.

진정한 삶을 살게 되고 그 때 우리는 비로소 참 된 삶을 살아 갈 수 있게 되는 것이다.

따지고 보면 우리들은 세상의 헛된 것들과 허상을 좇아서 너무 많은 것들을 좇으면서 살고 있다. 그래서 그러한 욕심과 집착은 우리로 하여금 갈팡질팡하며 균형을 잡지 못한 채로 살아가게 만든다.

세상에는 참 역설적인 것들이 많다.

자신의 행복을 끝까지 포기하지 않고, 행복하려고 하는 사람들은 오히려 행복하지 못하고, 자살하는 경우가 많지만, 자신의 행복보다 먼저 타인의 행복을 위해, 자녀를 위해, 아내를 위해, 동료를 위해, 이웃을 위해, 가족을 위해, 타인을 위해 살아가는 사람들은 오히려 훨씬 더 자신이 행복해졌다는 사실을 발견하게 된다.

잘난 척 하고, 교만하면 할수록 많은 사람들은 그 교만한 사람을 낮게 평가하고, 심지어 혐오하기도 하고 싫어하기도 한다. 하지만 자신의 업적과 성과와 잘남을 드러내지 않고, 자세를 낮추고, 겸손하게 잘난 척하지 않으면 않을수록 사람들은 겸손해하는 그 사람을 높게 평가하고, 좋아하기까지 한다.

직장에서도 마찬가지이다. 자신이 일하는 만큼 월급을 받고자 아등바등 자신의 것을 고집하는 사람은 결국 몇 년이 지나지 않아, 회사를 떠나게 되거나, 인정을 받지 못하고, 연봉이 적은 직원이 되고 만다. 하지만 자신의 것을 고집하지 않고, 자신이 받는 월급의 10배, 20배를 묵묵히 일할 줄 아는 직원은 몇 년이 지나지 않아, 지금의 연봉보다 10배나 많은 연봉을 받는 사람이 된다. 이것이 역설이다.

세상의 이치가 바로 이런 것이다. 눈앞에 보이는 것만 쫓아가게 되면, 결국 얻는 것은 없다. 더 큰 손해를 얻게 된다. 하지만 장기적인 안목을 가지고, 손해 보는 것이 이익을 얻는 것이다. 자신을 낮추는 것이 자신을 높이는 것이다. 지는 것이 결국엔 이기는 것이다.

아등바등 살지 않는 것은 더 나은 삶을 살게 되고, 더 큰 세상을 살게 된다. 세상을 길게 보고 내다 봐야 한다. 눈앞의 작은 이익만 탐하는 사람은 결국 크게 성공하지 못한다. 그런 사람을 필자는 많이 눈으로 봐왔다. 아등바등 살지 않고 양보하는 사람, 손해를 감수하는 사람, 져 주는 사람이 결국 크게 성공하고 부자가 된다는 사실을 꼭 명심하자.

인생을 아등바등 살지 말라고 조언을 해 주는 많은 철학자 중에 한 명이 동양의 장자다. 그는 자신의 책을 통해 이런 말을 했다.

"부자는 다 쓰지도 못할 돈을 버느라 고생고생 일하고 돈을 쌓아둡니다. 이런 식으로 사는 게 정말 즐거운 인생일까요? 출세하면 밤낮 쉬지 못하고, 옳고 그름을 생각해야 합니다. 이런 식으로 사는 게 정말 즐거운 인생일까요? 이런 식으로 살면 태어나면서부터 걱정하게 마련인데, 오래 살아도 흐릿한 정신으로 계속 걱정하며 죽지 않는 게 얼마나 괴로울까요? 이런 식으로 사는 게 정말 즐거운 인생일까요?"_장자

장자는 말한다. 진짜 즐거움은 즐거움을 추구하지 않고, 진짜 명예는 명예를 추구하지 않는 것이라고 말이다.

4

베풀고
또 베풀어라

"은혜와 의리를 널리 베풀어라. 인생이 어느 곳에서든지 서로 만나지 않으랴? 원수와 원한을 맺지 말라. 길이 좁은 곳에서 마주치면 회피하기 어려우니라."

_〈범립본, 명심보감〉

    욕심을 버리고, 타인에게 베풀고 또 베풀어야 하는 이유는 무엇일까? 왜 타인에게 좋은 것을 양보하고, 자신은 뒤로 한 걸음 물러서있어야 하는 것일까? 욕심을 내면 그 말로가 좋지 못하는 사실을 잘 알려 주는 역사적 사례가 있다.

    욕심을 내면, 반드시 그 있는 것도 잃게 된다는 것을 우리는 명심해야 한다. 인생의 수많은 선배들이 그러한 사실을 알려주고자 마치 연기를 하는 것처럼, 그러한 경우는 반복되는 것을 볼 수 있다. 욕심을 내지 않고, 오히려 베풀고 또 베푸는 사람은 인생에서 더 많은 것들을 얻게 되고, 인생이 더 좋아진다. 역설적이지만, 사실이다.

우리가 불행한 이유는 만족함을 모르고, 자기만 생각하기 때문이다. 베풀고 나누고 양보하고 사양할 줄 모르기 때문이다. 즉, 불행의 최대의 화근은 바로 만족함을 모르고, 욕심을 부리는 데 있다. 만족함을 모르고, 더 많이 가지려고 하다 보면, 반드시 화를 재촉하게 되어 있다.

이것은 물질에 국한시켜서 말하는 것이 아니다. 이 세상에 존재하는 모든 것에 대해 말할 수 있다. 당신이 가진 모든 것을 나누고 베풀면, 그것이 몇 배 더 강력한 복으로 되돌아온다.

가지려고만 하는 인생보다 베푸는 인생이 더 복된 삶이다. 왜 그럴까? 재산이나 명예나 권력을 더 가지려고 하다가 생명을 재촉한 이들이 한 둘이 아니기 때문이다. 인기를 더 얻으려고 하다가, 패가망신한 사람이 한 둘이 아니기 때문이다. 돈을 더 가지려고 하다가, 전과자가 되어, 노후를 차가운 감옥 바닥에서 자유를 빼앗긴 채 살아가고 있는 이들이 한 둘이 아니기 때문이다. 모든 것이 욕심을 버리지 못 해서, 베풀지 못 해서 그런 것이다.

이런 교훈은 역사를 통해서 더 생생하게 배울 수 있다. 욕심을 버려야 장수하고, 행복할 수 있음을 잘 말해 주는 이야기가 있다. 바로 [이기고 시작하라]의 저자인 안세영 작가는 자신의 저서에서 다음과 같은 역사적 인물을 통해, 그 사실을 잘 말해 주고 있다.

고려시대 강감찬 장군의 실화를 통해 우리에게 큰 교훈을 준다. 거란의 소배압이 이끈 10만 대군을 귀주에서 대파하고 개경으로 돌아온 강감찬 장군에게 현종이 성대한 개선행사를 열고, 직접 영파역(지금의 의흥)까지 마중 나가 오색비단으로 장막을 치고, 손수 강감찬의 머리에 금화팔지를 꽂아주었다. 뿐만 아니라, 현종이 직접 술을 권하며 엄청난 관직을 하사하려 했다. 이런 경우 모든 사람들은 관직을 받았을 것이다. 하지만 강감찬은 달랐다. 사양하고 거부했던 것이다. 이것이 그의 그릇이었다.

"폐하, 소신은 그런 관직을 맡기에는 너무나 나이가 들었습니다."

그는 진짜 벼슬을 사양하고 낙향해버렸다. 임금의 심정은 다 이와 다를 바 없다. 자신보다 더 공을 세운 신하는 부담이 되기 때문이다. 그래서 현종은 겉으론 아쉬워했지만 속으론 쾌재를 불렀을 것이다.

실제 역사에서 보면, 전쟁에 나가 목숨을 걸고 싸워서 대승을 거둔 장군들은 멀지 않아 최고 권력자의 손에 목숨이 달아나는 경우가 너무나 많았다는 사실을 우리는 잘 알고 있다.

한 나라를 구해낸 개선장군을 가장 싫어하고 두려워하는 사람은 다름 아닌 그 나라의 왕이다. 그 나라의 왕은 개선장군에게 가장 큰 빚을 진 사람이지만, 현실은 그 반대다. 왕은 개선장군의 인기와 업적에 의해 자리가 위태해질 수 있고, 국민들에게 잊혀 질 수 있기 때문이다.

강감찬 장군이 자신이 세운 업적에 합당한 벼슬을 받고, 권력을 누렸다면, 아마도 멀지 않아 목숨을 부지하지 못했을 것이다. 그것이 세상의 이치다. 하지만 강감찬은 사양하고 거절하는 현명한 처신 덕분에 당시로서는 드물게 83세까지 장수하며 말년을 편하게 지냈다.

역사적으로 남이 장군(조선 전기의 무신), 임경업 장군(조선 중기의 명장) 같이 전쟁에서 승리하고도 왕권의 견제를 받아 아깝게 사라진 인물이 우리 역사에도 한둘이 아니며, 중국의 역사를 보면 훨씬 더 많다는 사실을 알 수 있다.

이러한 역사의 씁쓸한 면을 되돌아 볼 때, 인간의 욕심은 끝이 없고, 그러한 욕심 때문에 임금은 신하를 견제하고, 신하는 임금을 두려워하면서도, 그 자리를 탐내고 있음을 알 수 있다. 이 경우에 욕심을 버리고, 더 이상 욕심을 내지 않을 때, 생명과 평안이 그 삶에 깃든다는 것을 알 수 있다.

욕심을 버리지 못한 이들은 자신의 것을 절대 베풀지 않는다. 더 많이 가지려고만 하기 때문에, 아무리 전쟁에서 큰 공을 세웠다 해도, 오히려 그것 때문에, 견제를 받게 되고, 억울하게 죽임을 당하게 된다는 사실을 우리는 명심해야 한다. 자신이 세운 업적과 성과를 왕에게 나누어주고, 합당한 권력조차도 거절하고 다른 이에게 양보했다면 자신과 자신의 가문은 오랫동안 번성했을 것이다.

"큰일을 했으면 그것으로 만족하고 기뻐하라. 더 이상 그 일로 인해 더 큰 것을 원해서는 안 된다. 멈춤을 알아야만, 더 큰 행복과 장수를 얻을 수 있다."

마키아벨리는 [군주론]을 통해, 인간의 이러한 욕심 때문에 빚어지는 세상사에 대해 꿰뚫고 있었다. 그리고 냉정하지만, 그는 말한다. '왕권을 빼앗기지 않으려면, 군주는 전쟁에서 승리한 장군을 제거해야 한다'고 말이다.

중국 역사에서도 절반 이상의 왕조가 외적이 아닌 자기 신하에게 정권을 강탈당했다. 인간의 욕심이 끝이 없기 때문이다. 어디 중국뿐이겠는가? 우리나라 역사에도 수많은 왕들이 신하와 타인에 의해 피살된 것을 알 수 있지 않은가? 이 모든 것이 인간의 욕심 때문이다.

왕이든 신하든 자신의 것을 베풀어주었다면, 신하들이 정권을 강탈하려고 하지 않았을 것이고, 반대로 신하 역시 권력을 사양하고, 욕심을 버리고 베푸는 삶을 살았다면, 억울하게 왕으로부터 죽임을 당하지 않았을 것이다.

　가장 복된 사람은 욕심을 내지 않고, 오히려 베풀고 나누어 줄 줄 아는 사람이다.

5

풍족함이 지나치면
독이 된다

"명나라 때 진량모라는 진사가 살았다. 이 사람이 사는 지방에 어느 해 큰 가뭄이 들어 대부분의 고을이 곡식을 전혀 수확하지 못했다. 그러자 관청에서는 이 지방 모든 고을의 조세를 감해주었다. 하지만 이 사람이 사는 지방의 대부분의 고을이 피해를 봤지만, 유일하게 진량모가 사는 고을만 제방에 저장해둔 물 덕분에 풍년이 들었던 것이다.

이듬해에는 큰 홍수가 났다. 대부분의 고을에서는 이번에도 전혀 수확을 하지 못했다. 하지만 진량모가 사는 고을은 지대가 높아서 유독 풍년이 들었다. 관청에서는 이번에도 대부분의 고을이 홍수로 피해를 봤을 것이라고 생각하고, 조세를 감면해주었다.

심지어 피해를 본 대부분의 다른 고을에서 물건을 싸게 내다팔

아서 이득이 평소의 세 배가 되었다. 진량모가 사는 마을은 먹고 마시면서 풍족한 삶을 누리게 되었다. 이런 모습을 보고 진량모는 '우리 마을에 큰 화가 닥칠 것입니다.' 라고 말했다.

얼마 지나지 않아서 그의 말대로, 그 고을에 역병이 돌아 남녀 불문 많은 이들이 죽게 되었고, 1년 뒤에는 그 고을에서 화재가 끊이지 않고 발생하였다.

"무릇 도를 넘어선 이익은 귀신도 시기하는 법이다. 화와 복은 서로 연결되어 있어 늘 영향을 주고받는다. 하물며 물건 아까운 줄 모르고 마구 써버리는 데 어찌 화를 입지 않을 수 있겠는가!"

_〈[지낭(智囊)], 풍몽룡〉 중에서

다다익선이라는 말이 있다. 하지만 그것이 지나치면 오히려 화가 된다. 적당한 선에서 만족할 줄 알아야 한다. 그것이 복이 지속되는 길이다. 만족할 줄 아는 사람이 기부도 많이 하고, 나누어 주고, 상대방에 대한 배려가 넘쳐난다.

한국 사회에 정말 필요한 것은 상대방에 대한 배려와 존중이다. 만족할 줄 알고, 욕심을 버리는 사람은 언제나 여유가 있고, 감사와 기쁨이 넘친다. 오늘부터라도 우리 모두가 여유가 넘치고, 미소를 지을 수 있는 삶을 살았으면 좋겠다.

돈을 많이 벌수록 우리는 더 행복해지는 것일까? 절대 아니다.

어느 정도의 경제력은 우리 삶을 윤택하게 해 준다. 하지만 지나치는 것은 오히려 독이 된다.

물질적으로 너무 지나차게 되면, 부족함을 모르고 자라난 아이들은 망나니가 되고, 마약이나 알코올 중독자가 되고, 자식 농사를 망치게 된다. 만족할 줄 모르고 더 욕심만 내는 사람은 결국 평생을 교도소에서 보내야 하는 신세로 전락하게 되기도 한다.

우리를 행복하게 하는 것은 좀 더 큰 집이나 더 많은 명품이 아니다. 우리가 행복하지 못한 이유는 우리가 더 큰 부자가 되지 못했기 때문이 아니라, 마음 때문이다.

많은 이들은 생각한다. 좀 더 큰 집으로 이사 간다면 행복해 질 것이라고 말이다. 그리고 어떤 이는 말한다. 좀 더 큰 차를 소유하거나, 좀 더 멋진 명품을 소유하게 된다면, 정말 행복해 질 것이라고 말이다. 하지만 과연 우리가 소유를 통해 행복해 질 수 있을까?

필자는 확신을 가지고 여기에 답할 수 있다. 절대 소유를 통해 행복을 누릴 수 없다라고 말이다. 더 중요한 것은 소유가 너무 많아지면, 반드시 문제가 생긴다는 사실이다.

도덕경에 나오는 '다장필후망(多藏必厚亡)'이라는 말을 꼭 명심해야 한다. 재산을 무리하게 쌓으면 반드시 크게 망하게 된다. 그리고 재산이 너무 많으면 절대 행복해질 수 없다.

그 이유는 무엇일까? 그것은 재산과 행복의 상관관계가 어느 지점에서 비례하지 않기 때문이다. 놀라운 사실은 이것이다. 우리가 무엇인가를 소유하면 할수록 우리 마음은 더욱 더 많은 것을 원하게 되기 때문이다. 그 결과 우리는 끝없는 갈망을 하게 된다.

올림픽에 나간 선수 중에 금메달 리스트, 은메달 리스트, 동메달 리스트가 있다면, 은메달 리스트보다 동메달 리스트가 더 행복하고 만족감이 높다는 사실은 바로 이런 이치를 잘 말해주고 있다.

로또 1등에 당첨되어, 갑자기 너무 쉽게 수십 억에서 수백 억을 손에 넣은 사람들의 5년 후 모습이 파산이나 이혼, 교도소 수감, 알코올이나 도박 중독, 가정 파탄, 사업 실패, 자살 등이 엄청나게 많은 이유가 바로 이것이다.

우리 자신을 행복하게 하는 것은 소유가 아니라, 우리 자신의 마음이다. 우리는 우리가 가진 소유물로 인해 참 된 행복을 누릴 수 있는 것이 아니라, 그저 우리 자신을 통해 참 된 행복을 누릴 수 있는 존재들이다.

남을 이롭게 하는 것이 자신을 이롭게 하는 것이다

"인간은 동물과 초인 사이에 놓인 하나의 밧줄, 심연 위에 매어진 하나의 밧줄이다.

인간의 위대성은, 인간이 하나의 다리일 뿐 목적이 아니라는데 있다.

인간이 사랑스러울 수 있는 것은,

인간이 하나의 과정(科程)이며 몰락(沒落)이라는 데 있다."

_〈니체, 〔차라투스트라는 이렇게 말했다〕〉

1

자기 영혼의
떨림을 따른다

"자기 영혼의 떨림을 따르지 않는 사람은 불행할 수밖에 없다."

_〈마르쿠스 아우렐리우스 [명상록]〉

    지금 우리가 살고 있는 이 평화의 시대, 축복의 시대에는, 비록 그것이 휴전일지라도, 전쟁을 경험하지 않았다는 것만 해도 큰 감사를 해야 한다. 만약에 당신이 6.25 전쟁이 발발한 그 시대에 살고 있는 젊은이라면 혹은 장성한 자녀를 두고 있는 어른이라면 어땠을까? 자신이 나가거나 눈에 넣어도 안 아픈 자녀가 전쟁이라는 사지에 나가야 한다.

    그 시대에 태어나지 않았다는 것만 해도 감사해야 하지 않을까? 감사가 사라진 시대에 다시 감사를 회복했으면 좋겠다. 과거 6.25

전쟁 당시 너무나 많은 가슴 아픈 사연들이 있었지만, 그 중에서도 필자의 가슴을 사로잡는 감동의 이야기가 있다. 바로 사랑의 원자탄이라고 불리는 손양원 목사의 이야기이다. 손양원 목사야말로 자기 영혼의 떨림을 따르며 사는 사람이었고, 그 시대 가장 행복한 사람이었던 것이다.

손 양원 목사는 1902년 6월 3일, 경남 함안군에서 손종일 장로와 김은주 집사 사이에 장남으로 출생하였다. 학창 시절에도 신앙심이 두터워, 많은 이들이 신사참배를 하였지만, 그는 신사참배가 하나님께서 명령하신 십계명을 범하는 것이라는 사실을 알고, 신사참배를 거부하였고, 그 결과 퇴학을 당하기도 했다.

그는 어려움 가운데에서도 주일 성수와 십일조 생활을 철저하게 했다. 목회자가 된 이후에도 신사 참배의 유혹은 끊이지 않았지만, 그는 여전히 신앙을 저버리지 않았고, 그로 인해 해방 될 때까지 6년간의 옥고를 치러야만 했다. 오직 하나님만 붙잡고, 목회에 전념하고 있는 그에게 매우 충격적이고 비극적인 사건이 발생한다.

바로 여순 사건이었다. 이 사건을 통해, 손 목사의 두 아들 동인과 동신이 공산 프락치들에게 가장 먼저 체포되어 인민재판에 회부되었다. 이 때 두 형제는 서로 대신하여 죽기를 자원하였다고 한다. 하지만 잔인한 폭도들은 이 두 형제를 한꺼번에 무자비하게 총살을 하고 말았다. 하루 아침에 손 목사는 금쪽같은 아들 두 명을 잃게 되었던 것이다.

당신이 이런 비극적 상황을 경험하는 아버지라면 어떻게 할 것인가? 하루하루 분노와 원망과 슬픔으로 큰 아픔과 상처로 하루하루 살아도 사는 것이 아닌 그런 삶을 살게 될지도 모른다. 하지만 손양원 목사는 달랐다. 자신의 영혼의 떨림을 따랐다.

눈에 넣어도 아프지 않는 아들을 그것도 두 명이나 하루 아침에 총살형으로 잃은 아버지의 마음속에는 슬픔과 분노와 원한과 아픔과 상처는 절대 찾아 볼 수 없었다. 손 목사의 마음속에는 오직 감사와 사랑뿐이었다. 이러한 그의 모습에 장례식에 참석한 모든 사람들은 참된 사랑의 모습을 보게 되었다. 원수도 사랑하라는 예수의 가르침을 실천했던 것이다.

여수, 순천 반란 사건이 진압된 후, 정세는 바뀌어, 손 목사의 두 아들을 죽인 자들 중의 한 명인 '안재선'이라는 자도 체포되어, 이제는 그가 총살을 당하게 되었다. 이 소식을 접한 손 목사는 계엄 사령관을 찾아가서, 자신의 두 아들을 죽인 원수를 살려 달라고 간청하였다.

그의 간청은 그야말로 인간으로서 할 수 없는 놀라운 사랑의 원자폭탄급 위력을 발휘했다. 총살형을 선고 받은 반란군 '안재선'은 기적적으로 풀려났다. 놀라움은 그것이 전부가 아니었다. 손 목사는 자신의 두 아들을 죽인 원수인 '안재선'을 정말로 자신의 아들로 삼았던 것이다. 이름을 '안재선'에서 '손재선'으로 바꾸고, 아들에게 베푸는 사랑으로, 친아들처럼 사랑을 하며, 회개시켜 하나님의 자녀로 만들었던 것이다.

우리가 배워야 하는 가장 중요한 지혜는 내게 상처를 준 악한 자들을 저주하거나 미워하는 것 대신에, 원한과 아픔과 상처와 분노로 하루하루를 휘청거리는 것 대신에, 오히려 사랑과 감사하는 마음으로 하루하루를 살아갈 때, 우리는 행복해지는 기적이 우리의 삶에 발생하게 된다는 사실이다.

우리가 누군가에 대해 원한과 아픔을 가지게 되면, 그것으로 인해 가장 힘든 삶을 살아가게 되는 것은 바로 우리 자신임을 알아야 한다. 반대로 우리가 우리에게 큰 죄를 지은 사람일지라도 그 사람을 용서하고, 그 사람에 대한 원한과 아픔과 상처와 분노를 마음으로부터 버릴 때, 우리는 무엇보다 큰마음의 평화와 위로를 얻게 되고, 나아가서 행복한 삶을 살 수 있게 된다.

2

욕심을 버리면
길게 행복하다

"발돋움하면 반듯이 설 수 없고 버팀 다리를 하면 걷지 못 한다.
스스로 드러내면 밝지 않고 스스로 옳다 하면 현창되지 않는다.
스스로 떠벌리면 공이 없고 스스로 뽐내면 오래가지 못한다."

_〈[노자], 24장〉

　노자의 이 말처럼 발돋움하면 반듯이 설 수 없고, 버팀 다리를
하면 걷지 못한다. 이것은 마치 돈에 의지하여 부자가 되려고 하는
사람의 기형적인 모습을 이야기하는 것인지도 모른다.

　돈을 많이 가지고 있음에도 가난한 삶을 살아가는 사람이 있기
때문이다. 반면에 돈 한 푼 없어도 부자로 살아가는 사람이 존재한
다.

〔돈 한 푼 없이 부자로 사는 법〕의 저자인 필 컬러웨이는 말한다. 그는 자신의 저서를 통해, 돈이 모든 것을 해결해 주고, 사람을 부자로 만들어 주는 것은 절대 아니라는 사실을 잘 말해 준다. 욕심을 버리면 길게 오래 행복한 삶을 살 수 있다. 하지만 돈에 의지하고, 돈에 대한 욕심이 끝이 없는 사람은 부자가 아니라 돈의 노예에 불과하다는 사실을 우리는 알아야 한다.

진정한 부자는 돈이 많은 사람이 아니라, 돈에 대한 욕심을 제어할 수 있는 사람이며, 이웃과 함께 더불어 살 줄 아는 사람이며, 돈의 한계를 잘 알고 있는 사람이며, 옳은 것을 남기고 떠날 줄 아는 사람이며, 삶의 속도를 늦출 줄 아는 사람이라고 그는 역설한다.

우리 삶을 풍요롭게 해 주고, 부자로 만들어 주는 것은 돈이 아니라, 돈에 대한 욕망을 끊을 수 있는 우리의 욕심내지 않는 마음이며, 그 낮은 마음을 통해, 우리는 진정한 성공과 부를 만날 수 있다.

"그의 지갑을 열어보는 것만으로는 그가 부자인지 가난한지 아무도 말할 수 없다. 사람을 부자로 만드는 것은 마음이다." 라고 19세기 미국의 사회 개혁가인 헨리 워드 비쳐는 말한바 있다.

그의 말대로, 우리를 행복한 부자로 만들어 주고, 행복하게, 풍요롭게 살게 해주는 것은 우리의 마음이다. 우리의 마음에 욕심을 끊고, 버리고, 떠날 수 있다면, 그 사람은 이미 부자인 것이다.

고대의 철학자 소크라테스는 '가장 적은 것에 만족하는 사람이 가장 부자이다.' 라고 말했다. 필자는 말하고 싶다. '욕심이 없는 사람이 가장 행복한 사람이다.' 라고 말이다.

　가장 작은 것을 가지고도, 만족할 수 있는 사람이 행복한 사람이며, 풍요로운 사람이다. 그렇다면, 이렇게 만족할 수 있는 사람이 되기 위해서는 어떻게 해야 할까? 거짓된 성공과 외형적인 것들, 부와 명예, 타인과 세상으로부터의 인정과 칭찬 등에 대한 욕심을 버리는 것이다. 욕심을 버리고 초연해질 수 있어야, 타인을 시기하거나 질투하지 않을 수 있다. 타인과 세상으로부터 인정을 받고 싶은 마음을 버릴 수 있는 사람, 명예에 대한 욕심을 버릴 수 있는 사람이 진정 행복한 사람이 될 수 있고 오래 길게 행복하게 살 수 있다.

　욕심을 버릴 수 없는 사람은 아무리 많은 부를 쌓아도, 아무리 큰 성공을 해도 세상에서 가장 불행한 사람이 된다. 그런 사례를 소개하겠다.

　거짓된 명예와 외형적인 성공은 우리를 부자로 만들어 주고 행복하게 해 주는 것이 아니라, 더욱 더 우리를 고독하게 하고, 외롭게 하고, 힘들게 한다. 그 결과 자본주의 사회에서 성공할수록, 우리는 허전해 진다. 그래서 급기야는 세상에서 가장 성공한 사람들이 자살을 선택하기도 하는 것이다.

글을 쓰는 문학가들에게 노벨 문학상은 최고의 명예로운 상이다. 노벨 문학상을 받은 작가는 그야말로, 명실상부한 세계 최고의 작가의 반열에 오른 것이며, 작가로서 최고의 성공을 한 것이나 다를 바 없다. 하지만 노벨 문학상을 수상한 일본의 문학계 거장인 가와바타 야스나리는 유명한 소설 '설국'으로 노벨 문학상을 수상한 인물이다. 하지만 그는 노벨상을 수상한지 5년도 채 되지 않아서, 가스관을 입에 물고 자살했다. 얼마나 불행하고 힘들었을까? 세상의 성공과 행복은 비례하지 않는다.

그는 거짓된 세상의 명예와 외형적인 성공이 우리를 행복하게 해주지 못한다는 사실과 욕심은 끝이 없기 때문에, 욕심을 버릴 수 있는 사람이 세상의 부와 명예와 무관하게 행복하게 길게 살 수 있다는 사실을 우리에게 알려준다.

미국에서도 "노인과 바다"로 우리에게 잘 알려진 노벨 문학상 수상 작가인 헤밍웨이도 자살한 인물이다. 왜 세상적인 큰 성공을 했음에도, 최고의 명예를 획득했음에도, 더 바라는 것이 있었을까? 아니면 무엇이 그로 하여금 자살하게 내몰았을까? 세상의 최고의 명예를 획득한 그가 왜 자살을 선택할 만큼 불행한 삶을 살게 된 것일까?

"나는 전류의 흐름이 그치고 필라멘트가 끊어진 전구처럼 고독하다."

라는 유서를 남기고, 자살을 선택했던 것이다. 이것이 모두, 외형적인 성공과 거짓된 명예로부터 떠나지 못 했기 때문이라고 할 수 있다. 욕심을 내려놓고, 작은 것에 감사하고, 하루하루가 선물이라는 사실을 알았다면, 그는 자살을 선택하기보다는 감사와 기쁨을 누리는 삶을 살았을지도 모른다. 우리 인생을 망치는 것은 욕심이다.

돈 한 푼 없어도 부자로 사는 사람이 있는 반면, 세상의 모든 작가들이 소망하는 가장 큰 명예인 노벨 문학상을 수상한 사람들이 가장 불행하게, 가장 고독하게, 가장 실패한 삶을 선택하게 되는 그 차이는 무엇일까?

그것은 바로 '욕심' 때문이다.

3

다투지 않는 것이
행복의 길이다

"하늘과 땅은 길고 오래 간다.

천지가 능히 길고 오래가는 것은 스스로 살려고 다투지 않기 때문이다. 이렇기 때문에 성인은 자신을 백성의 뒤에 두어서 앞서게 되고, 그의 몸을 밖에 두어서 온존해 지게 된다. 사사로움이 없기 때문에 능히 그 사사로움을 이룰 수 있게 되는 것이다."

_〈[노자], 제7장〉

　동양의 현인 노자는 하늘과 땅이 길고 오래가는 이유에 대해서 다음과 같이 이야기를 한 바 있다. 하늘과 땅은 스스로 살기 위해서 다투지 않는다는 것이다. 그리고 성인은 바로 자신을 백성의 위에나 앞에 두지 않기 때문에 오랫동안 보존할 수 있다는 사실을 역설한다.

사사로움이 없기 때문에 사사로움을 이룰 수 있다는 아이러니한 이야기를 한다. 이러한 역설을 제대로 이해할 수 있는 사람이 있을까? 있다면 그 사람은 노자의 의식 수준까지 이미 오른 인물이 틀림없다.

한 가지는 분명하게 알 수 있다. 누군가와 이익을 가지고, 다투는 사람은 행복할 수 없다는 사실이다. 즉, 이기적인 생각으로 다투지 않는 사람, 사사로움 때문에 다투지 않는 사람이 있다면 그 사람은 행복한 사람임에 틀림없다.

다투지 않는 것이 행복한 삶의 길이다. 사람들은 더 많이 가지는 것을 좋아하고, 남들이 더 부자가 되면, 그것을 부러워한다. 하지만 눈에 보이지 않는 이면에는 더 놀라운 사실이 숨겨 있다. 그것은 바로 받는 사람보다 주는 사람이 더 복이 있다는 사실이다.

풍성한 삶을 누리는 사람은 자신의 것을 받기 위해, 지키기 위해, 혹은 타인의 것을 빼앗기 위해 다투지 않는 사람이다. 또한 누군가에게 무엇을 받는 사람이 아니다. 풍성한 삶을 진정으로 누릴 수 있는 사람은 다투지 않는 사람이며, 주는 자이다.

성경에도 '주라, 그리하면 너희에게 줄 것이니 곧 후회되어 누르고 흔들어 넘치도록 하여 너희에게 안겨 주리라.' 라는 말씀이 있지 않은가? 주는 자가 복이 있고, 더 많이 받는 자이다. 다투어서 더 많이 차지하려고 하는 자는 복이 없는 자이며, 자신이 가진 것도 남에게 뺏기게 된다. 그것이 세상의 이치다.

다투는 사람은 아무리 많은 것을 차지한다고 해도 그 과정에서 불행하고 고통스러운 순간을 경험해야 한다. 그것이 습관이 되면, 삶 전체가 행복할 수 없다. 하지만 남에게 배풀고 먼저 주는 사람은 늘 마음이 평화롭고 넉넉하고 진정한 풍요로운 삶의 길을 가게 되고, 풍요로움을 경험하고 누리게 된다.

다투는 사람은 소탐대실하는 사람이다. 바로 눈앞의 작은 이익 때문에 더 큰 것을 잃게 되는 사람이다. 작은 이익에 집착하지 말고 길게 볼 줄 아는 눈을 가져야 한다. 작은 이익을 포기하고, 손해를 보는 것이 더 큰 것을 얻게 된다.

하늘과 땅이 오래 가는 이유가 바로 이것이다. 하늘과 땅은 절대 다투지 않는다. 모든 것을 다 내어 준다. 그것이 바로 행복하고 풍요로운 삶의 길이다.

4

나무에게
태도를 배워라

"나무들은 조금도 초조해하지 않는다. 당황하지 않고, 조바심내지 않으며, 아우성치지 않고, 고요함 속에서 가만히 인내할 뿐이다. 우리도 나무의 태도를 배울 필요가 있다."

_〈니체, 방랑자와 그 그림자〉

우리는 때로 자연에게 배워야 한다. 하늘과 땅에서 배워야 하듯, 나무에게도 배워야 한다. 나무에게 배울 점은 무엇일까? 그것은 초조해하지 않고, 조바심내지 않고, 아우성치지 않고 인내한다는 점이다. 나무의 이러한 태도를 배운 사람은 고결하기까지 하다.

우리에게 필요한 삶의 자세는 바로 나무에게서 배워야 할 인내이다. 나무의 이런 모습을 배운 사람은 평상심을 늘 유지할 수 있는 사람이다.

어떤 사람이 내공이 있고, 지혜로운 사람인지 알고 싶다면, 그의 말과 태도를 보면 알 수 있다. 지혜로운 사람은 절대 경거망동하지 않고, 조바심내지 않고, 초조해하지 않고, 당황하지 않는다.

지혜로운 사람은 아주 당황스러운 상황에서도 다른 사람보다 더 평상심을 유지하는 사람이다. 행동이 천박하고 가벼운 사람은 신뢰하기 힘들다. 지혜로운 사람일수록 언행이 진중하다. 이런 사람은 나무에게 삶의 태도를 배운 것과 다름없다.

지혜로운 사람은 타인의 비난과 모함에 초조해하지 않고, 화내지 않고, 묵묵히 자신의 길을 걸을 수 있는 사람이다. 내공이 없는 사람은 작은 칭찬에 쉽게 마음이 들뜨고 교만해지며, 작은 모욕이나 비판에 쉽게 흔들리며 아우성친다.

그 어떤 칭찬에도, 그 어떤 비난에도 흔들리지 않고 초연한 삶의 자세로 살아가는 사람이 되어야 한다. 나무를 보라. 그 어떤 바람에도, 그 어떤 태풍에도, 그 어떤 폭우에도 흔들리지 않고, 조용히 인내할 뿐이다. 삶은 이렇게 살아가야 하는 것이다.

작은 일에 경거망동하는 사람은 성공할 수 없고, 행복한 삶을 살아 갈 수도 없다. 행복하고 성공하는 사람은 어떤 상황에서도 침착함을 유지할 수 있는 사람이다. 폭풍우를 만나도 마음의 평정을 유지하는 법을 배워야 한다.

5

남을 이롭게 하는 것이 자신을 이롭게 하는 것이다

"세상을 살아가는 길에 한 발자국 양보하는 것을 높다 하느니 물러서
는 것은 곧 나아갈 바탕이 된다. 사람을 대우하는 일에 조금이라도 관
대한 것이 복이 되느니 남을 이롭게 하는 것이야말로 곧 자기 자신을
이롭게 하는 바탕이 된다."

_〈홍자성, 채근담〉

상대에게 주는 것이 곧 내가 얻는 것이다. 세상을 살아갈 때 조
심해야 하는 것이 하나 있다면, 인생을 너무 영리하게 살려고만 하
는 것이다. 세상은 함께 사는 것이다. 때로는 손해를 볼 줄도 알아
야 한다.

너무 세상을 계산적으로, 영리하게 살려고 하지 않는 사람이 더 행복하고 더 성공할 수 있다. 자신의 잔머리와 얕은 꾀로 살아가는 사람은 절대 타인을 이롭게 하려고 하지 않는다. 타인보다 먼저 자신만을 생각하기 때문이다. 하지만 이런 사람은 절대 크게 성공할 수 없다. 주위에 사람이 없기 때문이다.

남을 이롭게 하는 사람은 결국 자신을 이롭게 하는 것이라는 사실을 우리는 알아야 한다. 너무 영리하게 사는 사람은 우직함의 힘을 경험하지 못한다. 진짜 성공은 타인의 도움과 협조로 성취된다는 점을 알 길이 없다.

부자가 되고 성공하는 것이 중요한 것은 아니다. 물론 부자가 되고 성공하면 좋다. 하지만 세상을 너무 이기적으로, 영리하게, 계산적으로 살아가는 것은 좋지 못하다. 자신의 이익만을 생각하고, 너무 이익에 밝은 사람은 인간적인 매력이 없을 뿐만 아니라 타인의 도움을 받을 수 없게 된다. 그 결과 천하를 얻지 못한다.

진 나라가 멸망한 후 주인이 없는 천하를 두고, 유방과 항우가 다투었다. 항우의 용맹은 천하에 당할 사람이 없었다. 항우는 천하 제일이었고, 바로 이런 이유에서 항우는 자기 자신을 가장 의지하고 믿었다. 하지만 유방은 자신보다 다른 사람을 더 믿고 의지했다.

유방은 세상을 너무 영리하게 사는 사람이 아니었다. 덕을 갖춘 리더였다. 그래서 많은 인재들이 그를 따랐고, 명참모 한신도 등용할 수 있었다. 명참모 한신을 등용한 유방은 드디어 천하를 제패할 수 있었다. 반면에 항우는 세상을 너무 영리하게만 사는 사람이었다. 절대 손해를 보지 않는 스타일이었다.

덕을 갖추지 못 한 항우는 세상에서 가장 용맹하고 능력 있는 리더였지만, 인재들이 따르지 않았고, 심지어 그의 밑에 있었던 유능한 인재들이 모두 항우를 떠나버리게 되었다. 세상을 너무 영리하게 살면 그것이 곧 자신에게 큰 손해라는 사실을 잘 알려 주는 사례가 아닐 수 없다.

남을 이롭게 하는 것이 곧 자신을 이롭게 하는 것이다. 그러므로 타인에게 관용을 베풀고, 덕을 갖춘 리더가 되어야 한다.

겸손한 자가
성공하고 오래간다

"큰 나무도 가느다란 가지에서 시작된다. 10층 석탑도 작은 벽돌을 하나하나 쌓아 올리는 것에서 출발한다. 천릿길도 한 걸음부터 시작이다. 마지막에 이르기까지 처음과 마찬가지로 주의를 기울이면 어떤 일이라도 탁월하게 해 낼 수 있다."

_노자

1

낮추는 자가
왕이 된다

"강과 바다가 온 골짜기의 왕이 된 까닭은 스스로 낮았기 때문이다. 그러므로 민의 윗자리에 있으려면 반드시 말을 낮추어야 하며, 민의 앞에 서려면 반드시 몸을 뒤에 두어야 한다. 그러므로 무위자연인은 위에 있어도 민이 무겁다 하지 않고 앞에 있어도 민은 방해된다 하지 않는다."

_〈[노자], 제66장〉

잘 산다는 것은 무엇일까? 어떤 삶이 잘 사는 삶일까? 잘 산다는 것은 인간이 지금까지 이룩한 문명의 기회를 풍부하게 누리며 사는 것을 의미할까? 그것은 아니다. 왜냐하면 현대 문명의 영향을 받지 못하는 산골 오지나 외딴 섬에서 조용히 사는 사람 중에도 잘 사는 사람이 있고, 대도시에서 사는 사람 중에도 못 사는 사람이 있기 때문이다.

잘 산다는 것은 물질적 번영, 경제적 안정과 더불어 정신적 평안과 기쁨, 즐겁고 건강한 삶이 충족되는 삶일 것이다. 다시 말해 잘 사는 사람들의 공통점은 마음이 즐겁고 기쁜 삶을 더 자주 많이 누리는 사람이다.

경제적 성공과 물질적 번영만으로는 잘 살 수 없다. 그렇기 때문에 마음을 관리하는 것이 반드시 필요하다. 잘 살고자 하는 사람에게 몸의 건강과 더불어 마음의 건강도 중요한 이유가 바로 이것이다.

마음이 즐겁고 기쁘지 않다면 아무리 부자가 되고, 경제적 사회적 성공을 했다고 해도 잘 산다고 말할 수 없다. 인간은 몸과 마음으로 이루어진 존재이기 때문이다. 마음이 즐겁고 기쁘기 위해서는 마음에 찌꺼기가 없어야 한다. 특히 사람을 가장 불행하게 만들고, 분노하게 만들고, 세상의 모든 것에 짜증이 나게 만드는 감정의 찌꺼기가 바로 시기와 질투다.

시기와 질투가 많은 사람들은 절대 행복할 수 없고, 마음에 기쁨이나 즐거움이 있을 수 없다. 시기와 질투는 왜 생길까? 바로 다른 사람과의 비교 때문에 발생한다. 그리고 다른 사람과 비교하는 이유는 자신에 대한 집착과 욕심 때문이다.

자신을 낮추는 자는 타인의 성공과 행복에 함께 기뻐할 수 있고, 진심으로 축하해 줄 수 있는 성숙한 사람이다. 이런 사람이 더 행복한 삶을 살 수 있는 것이다. 자신을 낮추지 못하는 사람은 왕도 될 수 없고, 리더가 될 수도 없고, 심지어 스스로 행복한 삶을 영위할 수도 없다.

당신이 경제적으로 성공하고, 부자가 될수록, 자신을 낮추는 사람이 되어야 하는 이유는 무엇일까? 외적인 성공과 경제적인 풍요로움이 커질수록 내적 기쁨과 충만감은 작아지기 때문이다.

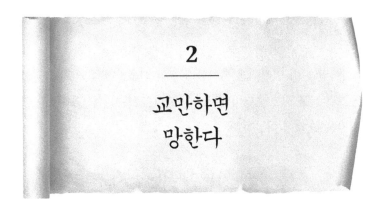

2
교만하면 망한다

"교만은 패망의 선봉이요 거만한 마음은 넘어짐의 앞잡이니라."

_잠언

　살면서 가장 경계해야 하는 것은 교만과 자만이다. 남을 깔보고 자신을 높게 평가하고, 잘난 체하여 방자하고 버릇이 없는 사람은 온 우주가 싫어한다. 온 우주가 싫어하는 사람은 절대 승승장구할 수 없다.

　산다는 것은 단순히 시간의 흐름을 관조하고 나이가 들어간다는 것을 의미하는 것이 아니다. 산다는 것은 성장한다는 것이고, 발전한다는 것을 의미해야 한다. 그렇다면 올바른 삶에 필요한 것이 바로 성찰하는 삶일 것이다.

삶이란 신이 인간에게 부여한 최고의 선물이며 특권이다. 인간은 그런 선물을 그냥 낭비해서는 안 된다. 그래서 소크라테스는 이런 말을 한 것이 아닐까?

'삶에 대한 성찰이 없는 삶은 가치 없는 삶이다.'

삶과 자신에 대해 성찰하는 사람은 자신을 정확히 평가할 수 있다. 늘 실수하고 흔들리는 나약한 존재임을 깨닫게 된다. 이렇게 성찰하는 사람은 절대 교만할 수 없다. 삶을 깊게 성찰하는 사람은 자신의 성공과 업적이 모두 타인의 도움과 존재로 인해, 혹은 세상을 잘 만났기 때문이라는 사실을 직시하게 된다.

성찰하는 사람은 교만할 수 없는 이유다. 모든 성공과 성취가 타인과 타인이 만들어 놓은 시스템과 과학 덕분에 이루어졌다는 사실을 누구보다 정확히 깨닫게 되기 때문이다.

당신이 지금까지 누구보다 교만했다면, 그것은 세상과 타인의 역할에 대해서 깨닫지 못했기 때문이고, 자신과 세상을 성찰하지 않았기 때문이다. 성찰하지 않는 삶은 가치가 없다고 말한 철학자 중의 한 명은 플라톤이다.

플라톤은 [대화편] [소크라테스의 변론]을 통해 소크라테스의 평생의 철학 정신을 우리에게 알려주었다. 이런 명저를 통해 그는 삶을 성찰해야 한다는 사실을 잘 말해 주고 있다. 삶을 성찰하는 사람은 절대 교만하게, 경거망동하며, 살 수는 없다.

교만하다는 것은 세상에 대한 진정한 성찰이 없는 가벼운 사람이라는 의미에 불과하다. 교만하다는 것은 자신의 성공과 번영이 오롯이 자신의 힘으로만 이루어졌다는 어리석은 판단을 하는 무지한 사람이라는 방증에 불과하다. 지혜로운 사람은 겸손하며 친절하다. 어리석은 바보일수록 교만하고 방자하고 버릇이 없게 행동한다.

3

부자를
저주하지 마라

"심중에라도 왕을 저주하지 말며 침실에서라도 부자를 저주하지 말라 공중의 새가 그 소리를 전하고 날짐승이 그 일을 전파할 것임이니라."

_전도서

전도서를 보면 왕이나 부자를 침실에서도, 심중에라도 저주하지 말라고 경고한다. 그 이유는 절대 세상에는 비밀이 없기 때문이다. 하지만 우리가 부자나 왕을 저주해서는 안 되는 진짜 이유는 따로 있다.

당신이 누군가를 저주하는 순간, 그 저주는 당신에게 그대로 되돌아가기 때문이다. 그리고 그 저주란 다름 아닌 허무주의에 빠지는 것을 의미한다.

니체는 인간이 허무주의에 빠질 것이고, 어떻게 그러한 허무주의에 대항할 것인가에 대해 고민한 철학자이다. 그는 허무주의에 대해서 이런 말을 한 적이 있다.

"허무주의란 무엇을 의미하는가? 최고의 가치들이 그 가치를 빼앗겨 버리는 것, 목표를 잃는다. '무엇을 위해?'에 대한 답을 잃어버린다." 〔힘에의 의지〕

부자가 된 사람들, 왕이 된 사람들은 나름대로 그만한 가치가 있다는 사실을 인정하지 않는 사람은 그들을 업신여기고 무시하고 저주할지도 모른다. 하지만 눈에 보이지 않는 가치를 인정해주는 사람은 저주하지 않고, 오히려 축복해준다.

저주하는 사람과 축복하는 사람의 차이는 하늘과 땅 차이만큼 크다. 저주하는 사람의 마음속에는 시기와 질투, 분노와 원망이 담겨 있다. 그리고 그것은 스스로에게 기쁨과 감사를 빼앗아 간다. 그 자체가 저주인 것이다.

타인을 축복하는 사람의 마음속에서는 사랑과 평화, 기쁨과 감사, 풍요로움과 배려심이 넘친다. 그리고 이런 좋은 마음이 넘치는 사람은 그 자체로 축복인 것이다.

즉, 타인을 저주하는 사람은 스스로를 저주하는 것이고, 타인을 축복하는 것은 스스로를 축복하는 것과 다를 바 없다. 그러므로 부자라고, 왕이라고 저주하지 말아야 한다. 스스로를 위해서라도 저주 같은 것은 해서는 안 된다.

4

작은 원망도
만들지 마라

"거나라에 한 여인이 살았다. 남편이 억울하게도 거나라 군주에게 살해당했다. 그래서 과부가 된 것이다. 여인은 기장성에 살면서 비단을 짜서 생계를 꾸렸다. 그러던 어느날 제나라가 쳐들어왔다. 하지만 성을 빼앗지는 못했다. 여인은 명주실을 성 밖으로 모두 내던져 제나라 군사들에게 주었다. 제나라 군사들은 명주실로 튼튼한 밧줄을 만들 수 있었고, 비로소 성을 빼앗고 거나라를 멸망시킬 수 있었다."

_〈[지낭], 풍몽룡 중에서〉

작은 원망도 만들어서는 안 된다. 심지어 한 나라의 군주처럼 높은 지위와 막강한 힘을 가진 사람이라도, 힘없는 여인이나 아이에게도 원망을 들을 만한 일을 해서는 안 된다. 한 나라가 원망으로 인해서 망할 수 있기 때문이다.

한 사람의 원한은 거대한 군대보다도 더 강력한 힘을 발휘한다. 힘도 재력도 없는 과부였고, 늙은 한 여인이지만, 가슴에 피맺힌 원한이 있기에, 거나라를 멸망에 이르게 할 수 있었다. 한 나라의 왕이라도 힘없고, 돈 없는 과부의 원망을 풀어지지 못해 나라가 멸망했다. 그러니 일반인의 경우는 더 말할 나위도 없지 않겠는가!

작은 원망도 절대 만들지 마라. 그것이 지혜로운 길이고, 슬기로운 삶이다. 성공하고 행복한 사람은 힘없고 가난한 사람에게도 절대 작은 원망도 만들지 않는 사람이다. 하지만 실패하게 되고, 불행한 삶을 살게 되는 사람은 힘없고 가난한 사람이라고 해서 무시하고, 방자하게 행동하여, 작은 원망을 많이 만든다. 그런 작은 원망들이 모이고 모여서 어느 순간 큰 댐이 한 순간에 붕괴하듯이 붕괴한다.
힘이 있고, 돈이 많다고 해서 힘 없고 가난한 사람을 무시하는 사람은 스스로 멸망의 길을 자초하는 것과 다름없다. 그런 사람이 행복할 수는 없다. 타인을 무시하는 사람이 삶의 진정한 즐거움과 기쁨, 감사와 배려, 존중과 친절이 삶에 넘쳐날 수는 없기 때문이다.

큰 원망보다 작은 원망이 더 무섭다. 큰 원망은 어떻게 해서든 눈에 보이고, 그것의 심각성을 알기 때문에 준비하고 해결하려고 한다. 하지만 작은 원망은 눈에 보이지 않고, 그것의 심각성을 자각하지 못하기 때문에, 일이 터지고 나서야 그것의 중대성을 알게 된다.

작은 원망이 큰 원망보다 더 무서운 이유는 또 있다. 작은 원망은 제대로 파악할 수 없을 뿐만 아니라 해결한다는 것도 불가능하기 때문이다. 큰 원망은 해결가능하지만, 작은 원망은 해결이 현실적으로 불가능하다. 그러므로 평소에 친절한 삶을 사는 것이 매우 중요하다.

말과 행동을 우리가 조심해야 하는 이유가 바로 이것이다. 항상 타인을 배려하고, 친절을 베풀고 정중한 행동을 하는 사람은 적을 만들지 않는다. 반면에 행동을 거칠게 하고, 타인을 무시하고, 무례한 언행을 하는 사람은 주위에 적을 수도 없이 많이 만드는 것과 다름없다. 적이 많은 사람은 결국 인생에서 실패하고 불행한 삶을 살게 된다.

5

사람을 궁지에
몰지 마라

"춘추 시기 오나라가 백거에서 초나라 군대를 물리치고 청발까지 추격해 그들을 격파하려던 참이었다. 오나라 왕 합려의 아우 부개가 말했다.

'짐승도 궁지에 몰리면 싸우려 드는 법인데, 사람이야 오죽하겠습니까? 만약 죽음을 면치 못할 것을 안다면 기를 쓰고 싸워 이기려 할 것입니다. 그러나 먼저 항복하는 사람이 죽음을 면할 것을 안다면 남은 사람들도 죽기 살기로 싸우지 않고, 항복할 것입니다. 먼저 반 정도를 항복시키고 난 뒤에 공격하는 것이 좋겠습니다.'

오나라는 그 말을 따라 초나라 군대를 크게 격파했다. 그렇게 다섯 번을 싸우고 나니 초나라의 수도인 영성에 도달할 수 있었다."

_〈[지낭], 풍몽룡 중에서〉

〔손자병법〕 군쟁편에도 이와 비슷한 말이 나온다. 군사를 공격할 때 달아날 틈을 두라는 것이다. 그러면서 궁구물박이란 말이 나온다. 궁지에 몰린 적을 너무 다그쳐서는 안 된다는 의미다. 궁지에 몰린 도적을 쫓지 말라는 것이다. 사람이 궁지에 몰리면 죽기 살기로 싸우기 때문이다. 그렇기 때문에 오히려 달아날 길을 열어 주는 것이 현명한 방법이고 원원하는 길이다.

쥐도 궁지에 몰리면 고양이를 무는 법이다. 사람을 너무 궁지에 몰아서 죽기 살기로 싸우게 하는 것은 어리석은 짓이다. 퇴로를 만들어 주어야 한다. 직원이나 친구들이나 상대방을 너무 몰아붙이면, 역효과가 나는 이유도 이것이다.

실수를 한 직원이나 상대방을 너무 몰아붙이면, 결국 살기 위해서 변명을 하고, 핑계를 대고, 심지어 거짓말을 하게 되는 것이다. 무엇이든지 너무 지나치면 도리어 화가 된다. 긁어 부스럼을 만들어서는 안 된다.

주위 사람들에게 관용을 베푸는 것이 중요한 이유가 바로 이것이다. 누군가 실수를 했다. 그래서 당신과 당신의 사업에 큰 손해가 생겼다. 당신은 어떻게 할 것인가? 엄청난 화를 내면서 그 사람의 실수에 대해서 추궁하면서 그 사람에게도 당신이 당한 것보다 열 배 더 강한 스트레스를 주고 궁지에 모는 행위는 어리석은 짓이다. 그걸로 그 사태가 해결되는 것이 아니라 더 악화시키기 때문이다. 그 큰 손해는 그 사람과의 관계가 엉망이 된다는 점이다.

노예 출신의 철학자 에픽테토스의 이 말을 우리는 명심해야 한다.

"자신의 마음을 바꿀 수 있는 일은 할 수 있는 일이며, 타인의 마음을 바꿀 수 있는 일은 할 수 없는 일이다. 할 수 있는 일에 힘을 쓰는 사람은 지혜로운 사람이며 할 수 없는 일에 힘을 쓰는 사람은 어리석은 사람이다."

이미 지나간 일은 바꿀 수 없다. 그런데 그 일에 대해서 아무리 화를 내고, 사람을 닦달한다고 해서 달라지는 것은 없다. 그 때는 오히려 관용을 베풀고, 용서하는 것이 더 지혜로운 처신이다.

명심하자. 남에게 악하게 구는 것은 자신에게 악하게 구는 것과 다를 바 없다. 남에게 선을 베푸는 것은 자신에게 선을 베푸는 것과 같다.

돈의 원리를 알아야
어른이다

"세상에는 죽은 사람으로 간주되는 네 종류의 사람이 있다. 첫 번째는 가난한 사람이고, 두 번째는 나병 환자고 세번째는 눈먼 사람이다. 그리고 마지막 네 번째는 자식이 없는 사람이다."

_탈무드

1

돈은
주조된 자유다

"돈은 주조된 자유다. 그래서 자유를 완전히 박탈당한 사람들에게 돈은 열 배나 더 소중한 것이다."

_〈도스토예프스키, [죽음의 집의 기록] 중에서〉

　돈에 대한 책을 가장 많이 쓴 소설가 중의 한 명이 바로 도스토예트스키다. 그의 첫 책도 돈에 대한 책이며, 그의 마지막 책도 그렇다. 그가 바라본 돈은 무엇일까? 그는 정확히 이야기를 했다.

　돈을 주조된 자유며, 돈이 없으면 자유도 없다고 말이다. 그렇다. 돈이 없으면 당신은 자유로울 수 없다. 특히 자본주의 사회에서는 그렇다. 돈이 있으면 당신의 삶은 좀 더 자유롭고 편할 수 있다.

그리스 극작가 아이스킬로스는 '부유한 바보는 고통스러운 짐 덩어리다.'라고 말한 적이 있다. 그는 행복하고 의미있는 삶을 부와 연결 짓는 사람을 부유할지라도 적절한 삶을 지배하는 가치관의 우선순위를 완전히 오해하고 있기 때문에 부유한 바보라고 한다.

부유한 바보는 돈이 행복한 삶을 위한 수단이라는 사실을 이해하지 못한 자이다. 자본주의 사회일수록 돈은 행복한 삶을 위한 수단에 불과하다. 그런데 많은 사람들이 돈을 자유라고 착각하는 것이 문제다. 돈은 자유가 아니다. 그저 주조된 자유에 불과하다.

돈이 없는 사람에게 돈은 열 배나 더 소중한 것이다. 돈은 자유를 얻기 위한 수많은 수단 중의 하나이기 때문이다. 하지만 돈이 어느 정도 있는 사람에게는 더 이상 가치가 없다. 돈으로 살 수 있는 것이 한계가 있다는 사실을 깨닫기 때문이다.

돈은 주조된 자유며, 그 이상은 아니다. 하지만 그 이하도 아니다. 당신이 돈에 대한 맹목적인 가치를 부여해서도 안 되는 이유이며, 마찬가지로 맹목적인 혐오를 해서도 안 되는 이유다. 돈은 착하지도 악하지도 않다. 돈을 착하게 사용하는 사람, 악하게 사용하는 사람만 존재할 뿐이다.

돈은 중요한 목적을 향해 사용할 수 있는 수많은 도구 중의 하나에 불과할 뿐, 그 자체가 목적이나 목표가 아니라는 사실을 제대로 이해하지 못한다면, 불행과 혼란은 계속될 수 밖에 없다.

2

현명한 부자의 재물은 유익하다

"부자의 재물은 그의 견고한 성이요 가난한 자의 궁핍은 그의 멸망이니라."

_잠언

현명한 이에게 재물은 유익한 것이다. 하지만 어리석은 자들에게는 재물이 고통스러운 짐이 된다. 어리석은 자들에게는 재물이 고통일 뿐만 아니라 독이 될 수도 있다. 특히 큰 유산을 물려받은 자녀들에게는 더욱 더 그렇다.

부자의 재물은 그의 견고한 성이 될 수도 있지만, 멸망으로 가는 지름길이 될 수도 있다. 그렇기 때문에 부자가 되려는 사람들은 돈을 잘 관리하는 능력을 키워야 한다. 부자가 될 사람에게 돈 공부가 더욱 더 필요한 이유가 바로 이것이다.

바다에 돌을 던져도 흐려지지 않고 요동치지 않는다. 큰 강물도 마찬가지다. 이들은 충분히 돌을 수용할 수 있을 만큼 크다. 하지만 작은 모욕에도 버럭 화를 내고 분노를 참지 못하는 사람은 그릇이 작은 사람이다. 그래서 그것을 감당하지 못하고 쉽게 상처를 받고, 흔들리는 것이다.

부자가 돈 공부를 하고 사람 공부를 해야 하는 이유는 바로 이것이다. 세상과 돈에 대해 제대로 인식하지 못하는 사람이 부자가 되면, 그야말로 돈이 독이 된다. 그래서 인생을 불행하게 살게 되고, 망치게 된다.

돈과 세상에 대해 잘 알고 제대로 그 원리를 파악하고 있는 사람은 부자가 되면, 돈이 견고한 성이 된다. 삶이 더 단단해지고, 더 품격이 높아지게 되고, 더 행복하고 더 풍요롭게 살아갈 수 있게 된다.

이것이 우리가 늘 독서를 해야 하고, 공부를 해야 하는 이유다. 지혜로운 가난한 사람은 궁핍이 멸망이 아닐 수 있다. 그의 지혜가 그를 좋은 삶으로 이끄는 수단이 되기 때문이다. 어리석은 사람은 돈이 많든 적든 멸망의 길로, 불행한 삶을 살게 된다.

마음이 넓고 관대하고 배려심이 있고 친절을 베풀 수 있는 사람의 재물은 그야말로 든든한 요새가 된다. 하지만 마음이 좁고 옹졸하고 시기와 질투심밖에 없고, 무례하고 방자한 사람의 재물은 독이 되고 화를 자초하는 재앙이 된다.

명심하자. 돈은 양날의 검이다. 어떻게 사용하느냐에 따라, 그리고 그 주인이 어떤 사람이냐에 따라 복도 되고, 화도 된다. 그러므로 스스로의 생각과 언행을 조심해야 하고, 관리를 해야 한다.

3

가난한 사람은
죽은 자다

"세상에는 죽은 사람으로 간주되는 네 종류의 사람이 있다. 첫 번째는
가난한 사람이고, 두 번째는 나병 환자고, 세 번째는 눈먼 사람이다.
그리고 마지막 네 번째는 자식이 없는 사람이다."

_탈무드

　최고 강대국인 미국에서 가장 큰 부자들 중에 가장 많은 분포를
차지하는 민족이 있다. 바로 유대인들이다. 유대인들은 세상에서
가장 혁신적인 민족이며, 가장 부유한 민족이다. 그리고 그들을 이
끈 위대한 정신은 모두 탈무드에서 비롯된다.

　탈무드에 보면 아주 충격적인 말이 나온다. 세상에는 죽은 사람

으로 간주되는 네 종류의 사람이 있다. 그런데 첫 번째가 바로 가난한 사람, 돈이 없는 사람이다. 돈이 없는 가난한 사람은 살아도 산 것이 아니요, 죽은 사람으로 간주된다는 아주 무서운 말이다.

두 번째와 세 번째는 불가항력적인 일이지만, 첫 번째는 부지런하고 근면하고 열심히 노력하는 사람은 충분히 벗어날 수 있는 일이다. 네 번째 자식이 없는 사람도 역시 결혼을 하면 가능한 경우가 많고, 생물학적으로 불가능한 경우에는 입양을 하는 방법도 있다.

가장 무서운 말은 가난한 사람은 죽은 사람으로 간주된다는 유대인 사회의 정신이다. 가난한 사람은 사람 구실을 하지 못한다. 사실이다. 돈이 없으면 타인을 접대할 수도 없고, 경조사에 제대로 된 축의금이나 부의금도 낼 수 없고, 누군가를 제대로 경제적으로 도울 수도 없다.

가난한 사람은 사람답게 삶을 영위하는 것이 힘들다. 해외여행이나 취미 생활을 자유롭게 할 수 없기 때문이다. 삶의 격이 떨어지고, 질이 나빠진다. 어느 정도의 부는 시간과 같다. 시간이 없으면 아무리 좋은 것도 할 수 없는 것처럼, 어느 정도의 돈이 없는 사람은 늘 궁핍하게 살게 된다. 이런 삶이 죽은 사람과 다를 바 없는 것이다.

당신은 어떤가? 돈에 너무 쪼달린다면 그것은 죽은 사람과 다를 바 없고, 그런 삶을 현재 살고 있는가? 과거에는 가난을 칭송하기도 했다. 이런 성격의 대표적인 말이 청빈이다.

가난하지만 청렴한 사람을 칭송했다. 단순히 무능하거나 게을러서 가난한 것이 아니라, 돈에 대한 욕심이 없기 때문에, 불의와 타협을 하지 않았기 때문에, 스스로 가난한 삶을 부끄러워하지 않고 선택하며 살았던 사람들도 많았다. 하지만 이제는 시대가 달라졌다.

부유한 삶을 스스로 선택하며 살면서도 청렴하게 사는 사람들이 많아진 시대가 되었다. 그래서 청부라는 신조어를 만들어도 될 것 같다. 청렴하면서 부유한 사람 말이다. 우리는 죽은 사람이 되지 않기 위해서, 제대로 살아내기 위해서, 부자가 되어야 하는 시대에 살고 있는 것은 분명하다. 거대한 갑부가 될 필요는 없다. 사람으로 살아가기에 필요한 어느 정도의 부만 있으면 된다. 이것은 약간의 노력과 근면으로 가능한 사람들이 적지 않을 것이라고 생각한다.

4

돈과 사물의 이치

"대체로 일반 백성은 상대방의 재산이 자기보다 열 배 많으면 몸을 낮추고, 백 배 많으면 두려워하며, 천 배 많으면 그의 일을 해 주고, 만 배 많으면 그 하인이 된다. 이것이 사물의 이치이다."

_〈사마천, [사기열전 2], 민음사, 857쪽, 2007년〉

위대한 역사가 중에 한 명을 꼽으라고 하면, 사마천이 아닐까? 그의 인생 자체도 파란만장하지만, 그가 [사기]라는 역사서를 기록했다는 것도 중국 역사에 한 획을 긋는 일일 것이다.

그는 이 책을 통해 돈과 사물의 이치에 대해서 정확히 말해 주었다. 자본주의 시대가 아닌 지금으로부터 2000년도 더 이전에 돈에 대한 이치를 정확히 꿰뚫어 봤다는 점에서 놀라지 않을 수가 없다.

재산이 열 배 많을 때와 백 배, 천 배, 만 배 많을 때가 각각 다르다는 것은 인간 마음의 간사함을 잘 말해준다. 인간은 역시 간사한 존재다. 우리는 속물이라고 이런 사람을 비난하지만, 과연 누가 성인군자가 아니고서야 여기서 자유로울 수 있는 사람이 많은 것은 아니다.

그렇다면, 우리가 돈과 사물의 이치를 제대로 알아야 한다. 그래야 더 큰 실수를 예방할 수 있고, 돈을 제대로 잘 쓸 수 있기 때문이다. 돈의 노예가 되어서는 안 되지만, 우리보다 재산이 만 배 많은 사람의 하인이 되어서도 안 된다.

인간은 지능을 가짐으로 만물의 영장이 되었다. 하지만 돈을 가짐으로 또 다른 인간의 주인이 되기도 한다. 그것이 무서운 돈의 힘이다. 돈이 지능을 뛰어넘게 한다는 점이다. 결국 인간은 자신이 만든 돈 때문에 다른 누군가의 종이 될 운명에 처하게 되었다.

체력이나 체질로 본다면 다른 동물들보다 훨씬 더 약하고, 무력하지만, 인간은 지능을 가짐으로 그 모든 것을 극복하고, 이겨낼 수 있었다. 하지만 이제 지능을 뛰어넘는 능력을 가진 것이 나타났다. 아니 인간이 스스로 만든 것이다. 인간이 스스로 만들었지만, 많은 인간을 노예로 전락시킬 수도 있는 막강한 힘을 가지고 있다. 바로 돈이다.

지능을 가짐으로 만물의 영장이 된 인간이 스스로 만든 돈에 의

해 다른 인간의 노예가 된다는 것은 매우 아이러니한 사실이다. 당
신은 노예가 될 것인가? 주인이 될 것인가? 돈과 사물의 이치를
제대로 통찰할 수 있다면, 당신도 가능하다.

5

부자는 가난한 자를 주관한다

"부자는 가난한 자를 주관하고 빚진 자는 채주의 종이 되느니라."

_잠언

　그렇다. 속담에도 이런 말이 있다. '돈이 있으면 귀신도 부린다.' 돈이 있으면 귀신도 부리고, 사람도 부릴 수 있다. 인간은 먹고 살기 위해 빵이 필요한 것이 아니라 돈이 필요한 존재가 되었기 때문이다.

　돈이 또 다른 하나의 막강한 권력이 되었다. 그래서 돈이 있는 사람과 없는 사람은 힘이 있는 사람과 없는 사람으로 나누어진다.

부자가 가난한 자를 주관한다는 것은 일반적인 이야기다. 가난한 사람 중에도 돈에 연연치 않고 살아가는 사람이 있다. 이런 사람의 대표적인 인물이 노자다. 세상의 부귀영화를 자발적으로 거부할 수 있는 사람이다.

인간은 이성적인 동물이지만, 따지고 보면 매우 감성적인 존재이다. 하지만 인간은 본능과 충동을 억제하고, 타인과 함께 살아갈 수 있는 능력자들이다. 하지만 문제가 있다. 바로 인간이 돈을 지배하느냐 돈이 인간을 지배하느냐 하는 문제다.

자본주의 사회에 살면서 우리는 이런 상황에 수도 없이 직면하게 된다. 다시 말해 인간은 지혜를 사랑하는 존재가 아니라 어쩌면 돈을 더 사랑하는 존재인지도 모른다. 철학(philosophy)이란 말은 원래 그리스어의 필로소피아에서 유래하였다. 여기서 이 말은 사랑한다. 좋아한다라는 의미의 접두사 필로(philo)와 지혜라는 의미의 단어 소피아(sophia)의 합성어다.

즉, 지혜를 사랑하는 학문이 바로 철학이다. 그런데 지금은 철학자들이 없는 이유가 인간은 이제 지혜보다 돈을 훨씬 더 사랑하기 때문이 아닐까?

우리가 한 가지 명심해야 하는 것은 채울수록 더 공허해 질 수 있다는 사실이다. 돈이 맹목적인 목표나 목적이 되어서는 안 된다. 삶의 단 한 가지 목표가 부자가 되는 것은 매우 위험하다. 돈은 수

단이어야 하기 때문이다.

부자가 가난한 자를 주관하고 빚진 자는 채주의 종이 될 수 있지만, 우리가 스스로 돈의 노예가 되어서는 안 된다. 돈은 수단에 불과하다. 돈에 맹목적으로 충성을 할 필요도 이유도 없다. 그렇게 하는 것은 지나친 것이다.

닭을 잡는 데, 왜 소를 잡는 칼을 사용하는가? 세상의 모든 것은 위치가 있고, 적합한 용도가 있다. 돈의 위치는 바로 삶을 좀 더 풍요롭게 살게 해주는 도구다. 그 이상도 그 이하도 아니다.

부자는 가난한 자를 주관하고, 현명한 자는 돈을 주관한다. 당신도 돈의 주인으로 살아갈 수 있다. 돈에 끌려 다닐 필요는 없다. 돈 때문에 인간의 소중한 가치와 의미를 버려서는 안 된다. 돈보다 그것이 더 중요한 것이기 때문이다.

고전인문학6

지혜로운 자가
인생을 잘 산다

"군자의 도는 비유컨대 먼 곳을 가려면 반드시 가까운 곳
에서부터 시작하고, 높은 곳을 오르려면 반드시 낮은 곳에
서부터 시작함과 같다."

_〈중용(中庸) 제15장〉

1

사려 깊은 전략이
당신을 구한다

"그들은 적군을 격파하면 승리가 확실해질 때까지만 쫓아가다가 군대를 철수했다. 싸우기를 단념하고 도망치는 자를 죽이거나 칼로 찌르는 것은 비겁하고 정당하지 못한 행동이며 그리스인답지 못한 모습이라고 생각했던 것이다. 이것은 품위를 지키는 일이기도 하지만 그들 자신에게도 유리한 일이었다. 대항하면 죽지만 항복하면 살게 된다고 적들이 믿게 되면, 그들은 도망가는 것이 더 유리하다고 생각하여 싸움의 사기가 떨어지기 때문이다."

_〈플루타르크, [플루타르크 영웅전 전집 I], 110쪽〉

사려 깊은 전략이 있는 사람과 생각이 짧은 사람은 인생과 사업의 격이 다르다. 전쟁을 할 때도 사려 깊은 전략을 가진 군대는 승리를 할 수 있다. 사려 깊은 전략은 한 나라를 위기에서 건질 수도 있고, 망해 가는 기업을 세계 최고의 기업으로 바꿀 수도 있다.

사려 깊은 전략은 당신과 당신의 인생과 사업을 위기에서 구해 준다. 사려 깊은 전략을 만들 수 있는 자라면, 어떤 전쟁에서도 승리자가 될 수 있다. 그렇다면 사려 깊은 전략은 어디서 나오는 것일까?

당신이 직장인이든, 회사의 대표든, 프리랜서든, 가정 주부든 전략이 있어야 한다. 전략이 있는 사람과 없는 사람은 격차가 생긴다. 그 전략이 사려 깊은 것일수록 당신의 삶은 더 풍요로워지고 즐거워진다.

사려 깊은 전략이 없는 삶은 균형과 조화의 삶을 살기 힘들다. 그 때문에 한 쪽에 치우친 삶을 살게 된다. 균형을 맞추지 못하게 되면, 문제가 생긴다. 가정을 소홀히 하고, 직장일만 열심히 지나치게 하는 사람은 행복한 가정을 이룰 수 없다. 건강을 소홀히 하고, 일에 너무 지나친 집중을 하는 사람은 건강을 잃게 된다.

경제적 성장과 부의 축적만을 추구하는 사람은 내면의 성장과 마음의 평화와 즐거움이 없는 인생을 살게 된다. 극단에 빠지는 삶은 절대로 행복할 수 없고, 성공을 한다고 해도 오래 갈 수 없다.

과도함을 멀리하고, 극한 치우침에서 벗어나야 한다. 아무리 좋은 인생도 절제가 없으면 불행과 고통의 씨앗이 될 수 있다. 중요한 것은 전략과 계획이 있어야 한다는 점이다. 행복하고 성공적인 삶을 살기 위해서는 지나침이 없어야 한다. 균형잡힌 삶을 살지 못한다는 것은 전략이 없고 계획이 없었다는 말과 다르지 않다.

행복한 삶을 살기 위해서는 물질적인 부와 함께 건강한 정신과 내면의 지적 성장도 반드시 필요하다. 평생 독서를 안 하는 사람들은 내면의 궁핍을 피할 수 없게 된다. 외적 성공과 함께 내적 성장도 반드시 필요하다.

운이 좋으면, 하나는 우연히 짧게 가질 수가 있다. 하지만 두 가지 모두를 가지거나 길게 가질 수는 없다. 그렇기 때문에 전략이 필요한 법이다.

전략은 사고에서 나온다. 인간이 모든 동물을 지배하고 군림할 수 있었던 이유도 바로 사고할 수 있기 때문이다.

동물들에게는 사나운 이빨, 빨리 달릴 수 있는 능력, 추위를 견딜 수 있는 따뜻한 털, 하늘을 날 수 있는 날개, 바다를 헤엄칠 수 있는 지느러미와 호흡기를 주었다. 인간에는 이러한 것들이 없다. 하지만 인간에게는 모든 것을 창조해 낼 수 있는 생각하는 능력이 부여되었던 것이다.

그래서 파스칼Pascal은 인간의 위대성은 우리의 사고라고 말했던 것이다.

"사고는 인간의 위대성을 나타낸다.

인간은 자연 속에서 가장 약한 갈대에 지나지 않는다.

인간을 죽이기 위해 우주로 무장할 필요도 없다.

한 줄기의 증기나 한 방울의 물을 가지고도 충분히 죽일 수 있다.

하지만 우주가 인간을 죽이는 경우에도 인간이 우주보다 더 위대하다.

인간은 우주가 자신보다 강하다는 것을 알고 있지만

우주는 그것을 알지 못하기 때문이다.

그러므로 인간의 존엄성은 사고에 있다.

그것으로 우리는 자기를 높여야 한다."

리더라면 깊이 고려하는 지모와 멀리 내다보는 사고를 할 줄 알아야 한다. 이것을 심모원려(深謀遠慮)라고 한다. 칸트는 '인간의 지성'이란 책에서 생각의 중요성에 대해서 이런 말을 한 적이 있다.

"스스로 생각하지 못하는 자는 미천한 하급 관료조차 될 수 없는 사람이다."

인생을 잘 살기 위해서는 지혜로워야 한다. 지혜롭다는 말은 스스로 생각할 줄 안다는 것이다. 스스로 생각하지 못하는 사람이 생각보다 많다. 생각을 귀찮아하고, 여간하면 생각조차 하려고 하지 않는다. 하지만 위대한 성취를 이루어낸 이들은 모두 생각의 고수이며, 전략의 대가들이다.

위대한 위인들은 하나같이 생각과 전략의 중요성을 일찍 깨달았고, 그것을 자신의 신조로 삼았다. 성공철학의 거장 나폴레온 힐은 자신의 성공철학을 집대성한 책의 제목을 '생각하라 그러면 부자가 되리라(원제:Think and grow rich)'라고 했다. 왜 '열심히 일하라 그러면 부자가 되리라'가 아니라 '생각하라 그러면 부자가 되리라'라고 했을까? 생각을 하고 전략을 세우는 것이 열심히 일하는 것보다 더 중요하다는 것을 그는 잘 알고 있었기 때문이다.

20세기 최고의 과학자인 아인슈타인은 '지식보다 상상력(생각)이 더 중요하다'고 하면서 '오직 인간만이 생각하기 때문에 새로운 가치를 창조해 낼 수 있다'고 말했다. 뉴턴이 만유인력을 발견하고, 위대한 학자가 될 수 있었던 것은 생각 때문이었다.

"는 내내 그 생각만 했어요. 그게 만유인력을 발견할 수 있었던 이유에요."_아이작 뉴턴

"나는 몇 달이고 몇 년이고 생각하고 또 생각한다. 그러다 보면 99번은 틀리고, 100번째가 되어서야 비로소 맞는 답을 알아낸다."_아인슈타인

인류에게 스마트폰 혁명을 불러일으킨 창조적 혁신가인 스티브 잡스가 항상 강조한 것은 애플의 슬로건이기도 한 'Think different(다르게 생각하라)'였고, 마이크로소프트사의 빌 게이츠는 아예 일 년에 두 번 씩은 반드시 일주일 동안 일하지 않고, 외부 세계와 동떨어진 외딴 별장에서 '생각'만 하는 기간인 '생각주간 (Think week)'를 가진다. 자기 자신뿐만 아니라 임원들과 간부들에 게도 모두 일하는 것보다 '생각'을 하도록 유도하기 위해 똑같이 '생각주간'을 가지도록 권장하고 있고, 실행하고 있다.

IBM의 창립자인 토마스 왓슨이 강조한 것도 역시 'THINK(생각 하라)' 이다.

투자의 귀재, 버크셔 해서웨이의 회장인 워런 버핏은 '하루 24시 간 버크셔(자신의 회사)에 대해 생각한다'고 그의 회사 직원이 말한 다.

[꿀벌과 게릴라]라는 위대한 걸작의 작가이자 경영구루인 게리 해멀 런던 비즈니스 스쿨 교수는 IBM을 살린 것은 다름아닌 '생 각'이었다고 강조한 바 있다.

"90년대 초 적자의 IBM을 살린 것은 기술이나 지식이 아니라 혁신적인 '생각'이었다."

결론은 기술보다, 지식보다 더 강력한 것은 생각이라는 점이고,

그것은 바로 전략의 토대가 된다. 위대한 기업가, 위대한 투자가, 위대한 발명가, 위대한 과학자, 위대한 사람들은 모두 '생각'의 달인이며, 전략의 대가였다.

'인류 3대 지혜서'로 꼽는 책은 마키아벨리의 〔군주론〕과 손무의 〔손자병법〕, 그리고 발타자르 그라시안의 〔지혜록〕이다. 이 책 들 중의 하나인 〔지혜록〕을 보면 유연한 사고를 가진 사람은 신중하되 답답하지 않고, 대담하되 경거망동하지 않을 뿐만 아니라 성공을 하는 데 필요한 책략을 잘 세우는 사람이라고 말하면서 유연한 사고의 중요성을 피력한 부분이 나온다.

"지혜로운 사람은 여름날에 겨울철 양식을 미리 비축해 둔다. 사전에 위기를 대비하는 것은 결코 지나친 일이 아니다. 오히려 역경에 빠진 후에는 모든 일이 더욱 힘들어질 것이다. 재능과 지혜를 갖춘 사람은 결코 운에 기대어 일을 처리하지 않는다. 개인의 노력을 통해서만이 자신의 운명을 결정할 수 있으며, 충분한 자신감을 갖춰야만 행운을 기대할 수 있다.

기민하고 유연한 사고를 지닌 사람은 신중하되 답답하지 않으며, 대담하되 경거망동하지 않는다. 용기와 미덕을 갖춘 이들은 탁월한 담력과 명철한 혜안으로 일을 처리하며, 행운까지 더해져 엄청난 성과를 거둬 낸다. 사람을 대할 때도 준비가 필요하다. 거친 사람, 완고한 사람, 허풍스러운 사람 등 다양한 사람들을 만날 때는 마음의 준비가 필요하다. 미리 대비한 뒤라면 한갓 보잘것없는 일로 스스로의 명성에 흠집을 낼 일은 없을 것이다. 신중한 사람은 결코 어리석은 행동으로 상처받지 않는다.”_〈발타자르 그라시안, 〔지혜록〕, 24쪽〉

기민하고 유연한 사고를 가진 자와 그렇지 못한 자의 행동에는 큰 차이가 있고, 그 결과 얻어지게 되는 인생의 열매는 정 반대의 것이 될 수 있다. 누구는 달콤하고 즐거운 인생의 열매를 맛보게 될 것이다. 하지만 유연한 사고를 가지고 있지 않은 사람들은 아무 것도 아닌 일을 통해서도 어리석게 행동하여 큰 화를 자초하게 되어 쓰고 고통스러운 인생의 열매를 맛보아야만 하게 되는 것이다.

이런 이유에서도 유연한 사고를 할 줄 아는 생각하는 자가 그렇지 못한 자보다 더 성공할 확률이 높은 것이다.

2

완벽한 인생은 없다

"미중부족 호사다마(美中不足 好事多魔)"

"아무리 아름답고 훌륭하다 해도 부족함이 있는 법이다. 아무리 좋은
일이 많다고 해도 그만큼 안 좋은 일도 많은 법이다."

_〈홍루몽 중에서〉

명심하자. 세상에 완벽한 인생은 없다. 하지만 우리는 너무 많은
욕심을 낸다. 욕심을 버리는 순간, 불완전한 인생은 조금 더 완전
해 진다. 물론 완벽한 인생은 없다. 잊어서는 안 된다.

세상에 완벽한 인생은 없다. 그렇기 때문에 외형만을 보고 누군
가를 부러워할 필요는 없다. 광장에서 화형을 당하는 사람도 갑부

가 부러워하는 행복을 가진 경우도 있기 때문이다. 누구나 다 부러워하는 유명한 연예인이 평범한 사람보다 더 고통스러운 삶을 사는 경우도 있기 때문이다.

재능이 많은 사람들을 부러워할 필요는 없다. 재능이 많다고 해도 비참하게 인생을 끝내는 사람들이 많다. 건강한 사람을 부러워할 필요는 없다. 건강하다고 해도 인생을 즐길 돈이나 권력이 없는 경우도 많다. 돈이 많은 사람이라고 부러워할 필요는 없다. 아무리 많은 돈이 있어도, 그것을 즐길 젊음이 없는 사람도 많고, 거동도 힘들 정도로 건강하지 않은 사람도 많다.

세상에 완벽한 인생, 완벽한 때, 완벽한 사람, 완벽한 사랑은 없다. 그러므로 스스로에게는 욕심을 버리자. 그리고 타인에게는 너무 큰 기대를 하지 말자. 그래야 지금 이 순간을 즐길 수 있다. 지금 이 순간을 가장 중요하게 생각해야 한다.

불필요하고 무의미한 것들을 추구하기 때문에, 정작 즐겁게 살면서 누려야 할 두 번 다시 돌아오지 않는 지금 이 순간을 낭비해서는 안 된다. 완벽한 인생을 쫓아가지 마라. 그런 인생은 없다. 다만 어제보다 조금 더 나아진 삶은 있다. 우리는 그런 삶을 추구해야 한다.

욕심과 집착에서 벗어날 수 있는 인생이 최고의 인생이다. 프랑스의 대문호 에밀 졸라는 돈 한 푼 없어도 작가의 꿈을 꾸며 글쓰기에 전념할 수 있을 때가 행복했다고 말한다.

"나는 동전 한 푼 없을 때가 많았다. 나는 새벽 네 시에 일어나 날계란을 먹은 후에 공부를 시작했다. 저녁은 사과 세 개로 때웠다. 그런 다음에는 줄곧 앉아서 글쓰기에 전념했다. 그래도 나는 행복했다. 겨울에는 장작이 너무 비싸서 불을 피울 수 없었다. 그래도 내게는 담배와 불을 밝힐 수 있는 초가 있었다. 초 한 자루! 나는 그것 하나만 있어도 밤새도록 문학의 밤을 밝힐 수 있었다."

당신에게는 초 한 자루는 있지 않은가? 세상일은 호사다마라는 사실을 잊지 마라.

3

타인의 허물을 보지도 듣지도 마라

"귀로는 다른 사람의 그릇됨을 듣지 않고, 눈으로는 다른 사람의 단점을 보지 않으며, 입으로는 다른 사람의 허물을 말하지 않아야 군자에 가깝다."

_〈명심보감〉

세상에서 가장 경이로운 것은 사랑이라는 마법이다. '사랑이 없으면 인류는 하루도 존재할 수 없다.'고 정신분석가 에릭 프롬은 말한 적이 있다. 사랑은 가장 경이로운 기적이기도 하다.

행복한 삶을 살아가는 사람들의 가장 큰 특징은 세상과 타인을 사랑하면서 살아간다는 점이다. 이런 사람들은 타인의 허물을 보지도, 듣지도 않는다. 타인의 실수나 잘못에는 관심이 없다. 그들이 가장 좋아하는 것은 긍정적인 감정이다.

행복은 긍정적인 감정에서 비롯되기 때문이다. 부정적인 감정이 가득 차 있는 사람은 늘 타인의 허물을 보고 듣는다. 아니 오히려 그런 것들만 그들에게는 더 잘 보이고, 더 잘 들린다.

행복의 비밀은 주는 데 있다. 주는 만큼 행복해진다. 사랑을 주고 친절을 베푸는 사람은 그만큼 더 행복한 사람이다. 하지만 타인의 허물을 보고, 듣는 사람은 긍정적인 감정을 가질 수도 없고, 타인에게 좋은 것을 줄 수도 없다.

타인의 허물을 보지도 듣지도 않는 사람은 행복한 사람이다. 우리를 지배하는 것들로부터 자유로워지고 행복해지는 법은 바로 이것이다. 타인에게 관용을 베푸는 사람만큼 멋있는 사람도 없다. 이런 사람은 자신도 행복하게 살아갈 수 있는 기술을 이미 터득한 사람이다.

우리에게 주어진 환경은 누리고 즐거워할 수도 있고, 반대로 불평하고 짜증내면서 후회하고 슬퍼할 수도 있다. 선택은 당신에게 달렸다. 무엇을 선택하느냐에 따라 당신의 삶의 모습과 내용은 전혀 달라질 수 있다.

세상과 타인에 대해서도 마찬가지다. 타인을 사랑과 배려의 눈으로 볼 것인지, 아니면 감시와 비난의 눈으로 볼 것인지는 당신의 선택에 달렸다. 그리고 그 선택에 따라 세상과 타인은 다르게 당신에게 반응할 것이다.

친구가 될 것인지, 원수가 될 것인지는 당신의 행동과 생각에 달렸다. 적을 많이 만들고자 한다면 타인의 허물만 보고 들으면 된다. 그렇게 되면 저절로 온 세상이 당신의 적이 되고, 당신을 혐오하고 싫어할 것이기 때문이다.

4

적당히 좋은 것이
완벽한 것보다 낫다

"모든 일에서 완전한 만족을 구하고 공로 또한 완전하길 바란다면 안으로부터 변란이 일어나거나 아니면 반드시 바깥으로부터 근심을 부르게 한다."

_〈홍자성, 채근담〉

명심하자. 지나친 것은 모자람과 다름없다. 모든 일이 완벽하면 그것은 가득 차고 넘친다는 것을 의미한다. 달도 차면 기운다. 세상에 완벽한 것은 없다. 모든 일에 여분을 남겨야 한다. 우리는 완벽하기를 원한다. 하지만 여분을 약간은 남겨두어야 한다.

적당히 좋은 것에 만족해야 한다. 넘치고 지나치는 것은 다른 해악을 가져온다. 로마가 망한 이유도 넘쳤기 때문이다. 너무 완벽했기 때문이다.

기원전 6세기 델포이 신전 입구에 쓰여 있는 말이 있다.

"만사에 지나침이 없게 하라."

솔론이 했다고 전해지는 이 말은 과잉 소비가 현실이 된 현대에 더 필요한 말인지도 모른다. 상업주의 광고는 우리에게 늘 '더 많은 것'을 소비하게 하고, '더 좋은 것'을 구매하게 부추긴다.
하지만 아무리 좋은 것이라도 절제를 하는 것이 필요하다. 지나치게 많은 것을 추구하거나 완벽한 것을 추구하는 것은 삶의 균형을 잡지 못하게 방해한다. 균형 잡힌 삶은 행복한 삶을 위해 꼭 필요한 것이다. 한 쪽으로 지나치면 충만하고 행복한 삶을 살 수 없다.

절제를 할 줄 아는 사람, 아무리 좋은 것이라도 사양할 줄 아는 사람, 완벽한 것 보다는 적당히 좋은 것에 만족할 줄 아는 사람이 인생 고수다. 자신의 욕망을 드러내지도 않고, 끌려다니지도 않는 사람은 타인의 유혹이나 모함에 걸려들지 않는다. 그리고 이런 사람일수록 욕심내지 않고, 적당히 좋은 것에 만족할 줄 아는 사람이다.

중용은 좋은 삶의 기술이다. 치우치지 말고 삶의 균형을 잡아라. 그것이 행복한 삶이다.

5

자유로운 삶이
최고의 삶이다

'나는 아무것도 바라지 않는다.
나는 아무것도 두려워하지 않는다.
나는 자유다.'

_〈니코스 카잔차키스, [그리스인 조르바]〉

세상에서 가장 강한 자는 아무것도 바라지 않고, 아무것도 두려워하지 않는 자이다. 이런 사람이야 말로 그 어떤 것에도 연연하지 않는 자유하는 사람이다. 이런 사람의 삶이 최고의 삶일 것이다.

니코스 카잔차키스의 조르바처럼 진짜 자유한 삶을 살았던 인물 중 한명은 헨리 데이비드 소로우일 것이다. 그는 하버드 대학교를 졸업했지만, 사회의 틀을 벗어나 자유한 삶을 살았다. 도시를 떠나, 대자연 속으로 들어갔다. 바로 월든 호숫가의 숲속에 들어가 통나무집을 짓고 밭을 일구면서 자급자족하면서 2년의 삶을 살았다.

그리고 그는 부당한 시민 정부에 저항하여, 멕시코 전쟁을 반대하여 인두세 납부를 거부하여 투옥을 당하기도 했다. 그 경험이 [시민 불복종]이라는 불멸의 고전을 탄생시켰다.

소로우는 우리에게 남들과 같은 속도로 보조를 맞출 필요는 없다고 조언해 주고 있다.

"왜 우리는 성공하려고 그처럼 필사적으로 서두르며, 그처럼 무모하게 일을 추진하는 것일까? 어떤 사람이 자기의 또래들과 보조를 맞추지 않는다면, 그것은 아마 그가 그들과는 다른 고수鼓手의 북소리를 듣고 있기 때문일 것이다. 그 사람으로 하여금 자신이 듣는 음악에 맞추어 걸어가도록 내버려두라. 그 북소리의 박자가 어떻든, 또 그 소리가 얼마나 먼 곳에서 들리든 말이다. 그가 꼭 사과나무나 떡갈나무와 같은 속도로 성숙해야 한다는 법칙은 없다. 그가 남과 보조를 맞추기 위해 자신의 봄을 여름으로 바꾸어야 한다는 말인가?"_〈[월든] 중에서 〉

우리가 모두 소로우처럼 살아야 하는 것은 아니다. 하지만 소로우의 삶을 통해 한 번쯤은 무한경쟁 속에서 잠시 멈추어 삶의 의미와 가치를 되돌아 볼 필요는 있다. 과연 우리의 삶이 제대로 가고 있는지를 말이다.

현대인들은 성공할수록 허전해진다. 마치 텅 빈 레인코트처럼 말이다. 찰스 핸디는 자본주의 사회의 부조리와 모순에 대해서 정확히 지적한 바 있다. 누군가의 거대한 기계를 위해 돌아가는 톱니바퀴로 머물 수 없다는 그의 말처럼, 삶은 그 이상의 무엇이어야 한다. 삶이 자유롭지 못하다면 그것은 노예의 삶과 다를 바 없다.

자유로운 삶이 최고의 삶이기에, 그런 삶을 일평생 추구한 사람이 바로 장자다. 장자는 속세를 초탈한 철학자이다. 그는 삶과 죽음이 하나라고 말했다. 장자는 자신의 아내가 죽었을 때, 처음에는 울면서 슬퍼하다가도 나중에는 노래를 불렀다. 삶을 기뻐하지도 않고, 죽음을 미워하거나 거부하지도 않는 달관주의자였기 때문이다.

고전인문학7

인생을 견디고
바라보는 방법

'인생의 목적은 전진이다. 밑에는 언덕이 있고 냇물도 있
고 진흙도 있다. 걷기 평탄한 길만 있는 게 아니다. 먼 곳을
항해하는 배가 풍파를 만나지 않고 조용히만 갈 수는 없
다. 풍파는 언제나 전진하는 자의 벗이다. 고난 속에 인생
의 기쁨이 있다. 풍파 없는 항해는 얼마나 단조로운가! 고
난이 심할수록 내 가슴이 뛴다.'

_니체

1

삶을 견딜만하게 만드는 유일한 방법

"그러자 마르탱이 말했다.
'추론을 그만두고 일합시다. 일을 하는 것만이 삶을 견딜만하게 만드는 유일한 방법인 것 같습니다.'"

_〈볼테르, 206쪽, 캉디드 마지막 부분〉

인생은 누구에게나 버겁고 힘겨운 것이다. 그래서 때로는 삶을 견딜만하게 만드는 비장의 무기가 있어야 한다. 그런 것이 없다면 쉽게 자포자기해 질 수도 있기 때문이다. 당신에게 삶을 견딜만하게 해주는 비장의 무기가 있는가?

볼테르는 자신의 책을 통해 그런 비장의 무기는 일을 하는 것이라고 강조한다. 일을 한다는 것은 인간이 할 수 있는 행위 중에 가장 가치와 의미가 있는 것이라고 할 수 있다.

그가 쓴 책 [캉디드]는 필자가 백수, 무직자였을 때 부산의 지하철을 타고 가면서 다 읽은 책이다. 그런데 그 느낌이 너무나 강렬했기 때문에 10년이 지났지만, 그 책을 읽을 때의 그 모습이 기억이 난다.

이 책을 읽으면서 너무나도 크게 자주 많이 웃었던 것 같다. 볼테르는 이 책을 통해 우리에게 무슨 말을 하고 싶었던 것일까? 인생을 견딜만 하게 해주는 것은 바로 낙관주의라는 사실이 아닐까? 그는 이 책을 통해 우리에게 말한다.

당신이 어떤 최악의 상황을 맞닥뜨려도 절대 비관하지 말고, 절망하지 말라고 말이다. 모든 것을 낙관적인 시각으로 보고, 이러쿵저러쿵 비관적인 추론은 그만두고, 일을 하라고 말이다. 일을 하는 것만이 삶을 견딜만하게 만드는 유일무이한 방법이라고까지 그는 말한다.

필자역시 이 말에 백 퍼센트 동감한다. 우리 인간에게 일이 없다면 우리는 그저 세상이라는 낯선 곳에 떠밀린 방관자에 지나지 않을 지도 모른다. 일을 통해 인간은 엄청난 문명을 발전시켰고, 첨단 과학을 이루었다.

일을 통해 인간은 자아를 완성시켰고, 기적과 같은 성과를 창출했다. 한국은 세계에서 가장 일을 많이 하는 나라다. 그래서 놀 줄 모른다는 비판을 받아왔지만, 그럼에도 그 일을 통해 한국은 세계에서 가장 못사는 나라에서 가장 빨리 경제 대국으로 도약한 나라가 될 수 있었다.

일을 통해 인간은 더 강해지고, 더 유연해지고, 더 넓어지고, 더 행복해진다. 그러므로 당신이 오늘 불행하다고 조금이라도 느낀다면 당장 일을 시작하라. 직장이 없다면, 스스로 일을 만들어 하면 된다. 필자처럼 말이다.

평생 현역으로 일을 할 수 있는 프리랜서가 되면 좋은 점이 바로 이것이다. 평생 현역으로 일을 하는 사람들은 대부분 건강하다. 일을 통해 더 건강해지기 때문이다. 평생 건강했던 사람도 정년 퇴직을 하고, 집에만 있으면서 놀고 먹으면, 바로 건강이 나빠지고 삶에 활력도 잃는 사람이 많은 이유가 바로 일이 가져다 주는 유익함을 누리지 못하기 때문이다.

일은 축복이고 선물이며, 당신을 건강하게 하고 행복하게 하는 비장의 무기이다. 평생 현역으로 뛸 수 있는 가장 좋은 직업 중에 하나를 추천하면, 바로 작가다. 책 쓰기는 당신이 손가락 움직일 힘만 있으면 가능한 최고의 노후 직업이다.

2

가장 불행하고
나쁜 인생이란?

'나는 어떤 것이 더 불행한 삶인지 알고 싶어요. 검둥이 해적들한테 100번이나 겁탈당하는 것, 엉덩이 한쪽을 잘리는 것, 불가리아인들에게 몽둥이찜질을 당하는 것, 종교 화형식에서 죽도록 매를 맞은 다음 교수형을 당하는 것, 교수형을 당한 후 다시 해부를 당하는 것, 그리고 갤리선에서 노를 젓는 것, 요컨대 우리 모두가 지금까지 겪은 이 모든 불행, 아니면 아무 할 일 없이 이곳에서 지내는 일들 중 어떤 것이 가장 나쁜 것인가요?'

_〈볼테르, [낙천주의자, 캉디드], 200쪽〉

이 책에 나오는 노파가 캉디드에게 던진 질문이다. 당신의 생각은 어떤가? 필자는 아무 할 일 없이 사는 것이 가장 불행하고 나쁜 인생이라고 생각한다. 볼테르 역시 이런 사실을 말해주기 위해 캉디드 라는 책을 쓴 것이라고 생각한다.

이민 3세, 노동자, 무자본, 무기술로 가난에 허덕이든 그들을 자수성가한 백만장자로 이끈 공통적인 습관 혹은 공통적인 행동은 무엇이었을까? 어떤 상황에서도 그들은 일을 멈추지 않았다는 점이다.

가장 행복한 사람과 가장 성공한 사람의 공통점이 바로 이것이다. 예기치 못한 상황에서도 그들의 대처 방식은 일반인과 달랐다. 그들은 힘들수록, 고통스러울수록, 절망과 좌절 뿐일 때도 묵묵히 자신의 일을 해 나갔던 사람들이다.

가장 불행하고 나쁜 인생은 자신의 인생을 걸고 해 나갈 일이 없는 사람이다. 가장 행복하고 성공한 사람들은 일을 통해 평생 배우고 탐구하는 사람이기 때문이다. 그들은 일을 통해 삶의 주도권을 회복했고, 일을 통해 집중할 수 있는 시간을 만들었고, 반드시 해내고야 말겠다는 확신을 품을 수 있었다.

그들은 어떤 불행한 현실을 만나도, 일을 통해 오롯이 집중하는 습관을 가지고 있었던 사람이다. 그들은 세상이 아무리 힘들고 어려워도 일을 하는 순간만큼은 세상에서 가장 행복한 사람이 될 수 있다.

일이 가져다주는 막강한 좋은 영향은 세상과 타인이 당신에게 주는 그 어떤 상처나 혼란도 충분히 이겨낼 수 있을 만큼 강력하다.

당신이 빈둥빈둥 하는 일 없이 놀면서 보내는 시간은 최악의 인생을 당신에게 선사할 것이다. 당신이 보내는 시간의 총합이 당신의 인생과 성과가 되기 때문이다. 일을 하지 않고 빈둥빈둥 보내는 시간은 당신이 시간에 끌려 다니는 노예가 된다는 점을 잊어서는 안 된다.

시간을 주도하는 사람은 일에 매진하는 사람들이다. 일에 집중하는 사람만큼 건설적이며, 창조적이며, 활력이 넘치는 자는 없다. 눈동자가 빛나는 그 순간이 당신을 최고로 만드는 순간임을 명심하라.

3

외유내강이
중요하다

"사람이 살아 있을 적에는 부드럽고 약하지만, 죽고 나서는 굳고 강해진다. 만물이나 초목들도 살아 있을 적에는 부드럽고 여리지만, 죽고 나서는 말라서 빳빳해진다.

그러므로 굳고 강한 것은 죽음의 무리이고, 부드럽고 약한 것은 삶의 무리이다. 그래서 군대가 강하면 승리하지 못하고, 나무가 강하면 꺾여지는 것이다. 강하고 큰 것이 아래쪽에 자리 잡고, 부드럽고 약한 것이 위쪽에 자리 잡는 것이다."

_〈[노자], 제76장〉

외유내강이 왜 중요할까? 그것은 세상의 이치이기 때문이다. 물은 액체이고 부드럽고 얼음은 고체이고 딱딱하다. 어떤 것이 더 확장성이 좋고, 전 세계에 흘러 들어가 분포하고 있을까? 바로 액체다.

액체는 부드럽고 약하기 때문에, 자신이 뭔가를 고집하지 않기 때문에 자유자재로 흘러 들어갈 수 있다. 진정 내공이 강한 사람은 부드럽고 친절한 사람이다. 겉으로 강한 척하고 생각과 행동이 굳어있는 사람은 사실은 나약한 사람이다.

직장에서도 뻣뻣한 사람은 환영을 받지 못한다. 협력 업체나 타 부서의 협조를 받아내기도 힘들다. 너무 뻣뻣하기 때문이다. 부드럽고 친절한 사람은 어디에 가도 환영을 받는다. 인생도 이렇게 살아야 한다.

부드러운 사람이 되어야 한다. 부드러운 사람은 누구하고도 잘 어울릴 수 있다. 부드러운 사람을 만났을 때 인간은 누구나 기분이 좋아지기 때문이다. 결국 인생의 질을 결정하는 것은 기분이다. 우리가 좋은 기분일 때 삶은 비로소 제대로 살아진다.

뻣뻣하고 강직한 사람은 타인의 기분을 경직되게 하고, 얼어버리게 만든다. 그래서 아무도 좋아하지 않는 것이다. 부드러운 사람은 타인의 기분을 좋게 만들고, 타인으로 하여금 자신이 존중받고 있고, 중요한 사람이라는 생각을 하게 만들어 준다. 이 차이는 정말 크다는 점을 명심해야 한다.

타인에 대한 예의가 있는가? 인생에 대한 예의가 있는가? 최고의 예의는 외유내강이다. 외유내강할 때 당신은 제대로 된 삶을 살아낼 수 있게 되기 때문이다. 강직하면 꺾여진다. 부드러우면 버티어낼 수 있다.

부침이 많은 인생길에서 굳고 강한 자가 아니라 부드럽고 유연한 사람이 승자가 된다. 분노를 끌어안고 미적거리며 두고두고 원망하고 후회하는 사람의 인생이 행복하거나 성공적일 수 없다. 부드럽고 유연한 사람은 분노를 끌어안고 미적거리지 않는다.

부드럽고 유연한 사람의 강점은 기쁜 일이 생겨서 기뻐하는 것이 아니라, 먼저 기쁜 마음을 가지는 데 선수라는 점이다. 일단 미소를 지으면, 기쁜 마음이 따라온다. 강직한 사람, 뻣뻣한 사람은 절대 미소를 짓지 않는다. 스스로에게 내리는 벌을 매일 받는 것과 다름없다. 이렇게 사는 사람의 건강은 아무도 책임질 수 없다. 장담할 수 없다.

부드럽고 유연한 사람은 늘 미소를 짓고, 타인을 배려하기 때문에, 스스로에게 즐거운 기분과 좋은 건강이라는 상을 매일 주는 것과 다름없다. 살고 싶다면, 그것도 건강하게, 즐겁게 살고 싶다면 오늘부터 부드럽고 유연한 사람이 되어야 한다.

4

언론에
좌지우지되지 마라

"악행을 듣더라도 금방 미워하지 말라. 고자질하는 자의 분풀이가 두렵다.
선행을 듣더라도 금방 사귀지 말라. 간사한 사람의 출세를 이끌어 줄까 두렵다."

_〈홍자성, 채근담〉

중국 고전에 보면 이런 이야기가 있다.

어떤 신하가 있는 데, 이 사람은 적국이기도 한 두 나라와 모두 친분이 두터운 신하다. 그래서 이 신하는 자신의 입지를 공고히 하기 위해 일부러 적국에게 자신의 나라를 침략하게 하여, 위기에 빠지게 한 후, 자신이 나서서 화친을 맺고 그 위기에서 나라를 구한 인물이 되어, 왕의 신임을 얻고, 후한 상을 받았다.

왕은 이 사실도 모르고, 병 주고 약을 준 영악한 신하를 총애하면서 그의 술수에 놀아나는 못난 왕이 되었던 것이다.

이런 사례는 우리 주위에도 비일비재하다. 누군가가 당신에게 접근해서 또 다른 누군가의 더러운 행동과 허물을 이야기한다면, 즉 다른 사람을 비난하고 허물을 들추어내서 이야기하는 사람이 있다면, 절대 그것에 동요되지 말고, 중립적인 태도를 취해야 한다.

왜냐하면 타인의 허물을 들추어내어 당신에게 이야기하는 사람의 저의가 바로 악하기 때문이다. 이와 반대의 경우도 마찬가지다. 누군가가 당신에게 접근해서 제 3자의 업적을 찬양한다면, 그것도 일단 중립적인 태도를 취해야 한다.

과거에는 언론이라는 것이 없었지만, 지금은 이런 일들이 언론이라는 이름으로 매일 반복되고 있음을 우리는 알아야 한다. 고자질하는 이의 분풀이에 동요되거나, 간사한 사람의 출세를 이끌어주는 것을 예방하기 위해 우리는 무엇을 해야 할까?

일단 뉴스나 언론의 내용에 너무 쉽게 속단하고 일희일비할 필요는 없다. 가짜 뉴스도 너무 많은 시대이기 때문이다. 누군가의 악행이나 선행을 듣더라도 속단해서는 안 되고, 미워하거나 친해지려고 하지 않아야 한다.

　가장 좋은 방법은 직접 만나서 이야기를 나누어 보고, 정말 궁금한 것은 직접 물어 보는 것이 현명한 방법이다. 직접 물어보고 나서, 그 사람의 답변을 토대로 해서 미워하거나 사귀거나 멀리하거나 가까이 두거나를 결정해도 늦지 않다는 말이다.

　언론에 좌지우지 되어서는 안 된다. 그 어떤 언론도 자신의 이해관계에서 자유롭지 못하다. 자신이 보수 진영이든, 진보 진영이든 조금이라도 자신에게 유리한 방향으로 기사를 쓰는 것이 인간의 본능이기 때문이다.

　가재는 게 편이라고 하지 않는가? 어쩔 수 없지만 세상의 이치가 그렇다. 부모가 자식 편을 들지, 남의 자식 편을 들겠는가? 부모가 자신의 자식을 먼저 먹이지, 남의 자식을 먹이고 키우겠는가? 이것은 자연스러운 것이다.

　타인이 당신에게 접근해서 누군가를 비난하거나 칭찬을 하면, 그것은 반드시 그 사람의 다른 의도가 있음을 알지 못한다면, 당신은 그 사람의 장단에 놀아나는 장난감으로 전락할 수 있다.

5

뻔뻔한 인간에게
분노를 느낄 때

"어떤 인간의 뻔뻔한 행위에 분노를 느낄 때면 '뻔뻔한 인간이 없는 세계가 존재할 수 있을까?'를 즉시 자문하라. 그런 세계는 존재할 수 없다. 그렇다면 불가능을 요구하지 말라. 그 사람도 세상이 존재하는 데 필요한 뻔뻔한 인간 중의 하나일 뿐이다."

_〈마르쿠스 아우렐리우스, 명상록〉

뻔뻔한 인간에게 분노를 느낄 때, 당신이 해야 할 가장 좋은 행동은 분노가 아니다. 분노를 느낀다고 분노하면, 그것은 당신을 스스로 최악의 상태로 몰고 가는 것과 다름 없다.

세상과 타인에 대해서 분노를 느낄 때, 삶이 그대를 속일 때, 세상이 당신을 무시할 때, 타인이 보란 듯이 당신을 모욕할 때, 세상이 당신이 평생 힘들게 쌓아올린 업적과 명예를 근거도 없이 훼손할 때, 당신은 화를 내거나 슬퍼하거나 울면 안 된다.

화를 내거나 슬퍼하거나 울면 울수록 당신은 스스로를 최악의 슬픔과 고통 속으로 내모는 것과 다름 없기 때문이다. 행복해서 웃는다. 하지만 웃기 때문에 행복해진다는 사실도 잊어서는 안 된다.

재미있는 실험이 있다. 당신이 세상을 바라보고 평가하는 것이 얼마나 당신 자의적인지를 알려 주는 실험이다.

일명 안면 피드백 실험이다. 대학생들에게 세 그룹으로 나누어 첫 번째 그룹은 펜을 입술에 물게 하고, 두 번째 그룹은 펜을 이빨로 물게 하고, 세 번째 그룹은 평소 사용하지 않는 손으로 펜을 잡게 했다. 이 상태로 만화를 보여주고, 이 만화가 어느 정도 재미있었는지를 평가하게 했다.

실험 결과는 매우 흥미로웠다. 가장 재미있었다고 느낀 그룹은 두 번째 그룹, 즉 펜을 이빨로 물고 있던 그룹이었다. 왜 동일한 만화를 봐도, 이빨로 펜을 물고 있던 그룹이 더 큰 재미를 느끼고, 재미있었다고 인식을 하는 것일까?

펜을 이빨로 물게 되면, 웃을 때와 마찬가지로 근육이 움직인다. 즉, 웃을 때와 같이 근육이 움직이면, 우리는 기분이 좋아지고, 더 좋게 느끼게 된다. 작은 행동이 결국 우리의 기분과 감정에 영향을 준다는 것이다.

그래서 나온 유명한 말이 이것이다.

"행복해서 웃는 것이 아니라 웃으면 행복해진다."

이 말은 사실이다. 지금 당장 당신이 세상에 분노를 느낀다면, 불평과 불만과 짜증 밖에 남지 않았다면, 당신에게 필요한 것은 웃는 것이다. 웃으면, 기분과 감정이 따라서 좋아진다. 이와 마찬가지로 당신이 한 손만 사용할 때와 두 손을 사용할 때, 당신의 창의성과 생각의 폭이 달라진다.

양손을 다 사용할수록 당신은 더 창의적인 사람이 되고, 생각도 더 넓어지고 깊어진다.

몸과 마음의 관계를 잘 이해할 필요가 있다. 우리는 몸과 마음으로 이루어진 존재이기 때문이다. 세상이 당신을 분노하게 한다면, 당신은 먼저 당신이 가진 것 중에 가장 쉽게 조종할 수 있는 몸을 움직여서 기분과 감정을 조절하면 된다.

고전인문학8

죽음도, 두려움도
버려야 하는 이유

"백 리를 가는 자는 구십 리를 반으로 여겨야 한다."
'행백리자반구십(行百里者半九十)'

_〈전국책(戰國策)〉

1

죽음에도
종류가 있다

"사람은 누구나 한 번 죽는다.

어떤 죽음은 태산보다 무겁고,

어떤 죽음은 새털보다 가볍다.

죽음을 사용하는 방향이 다르기 때문이다."

_〈사마천, 사기〉

'사람은 죽어서 이름을 남긴다.' 라는 말이 있다. 이 말에 가장 잘 어울리는 사람은 누구일까? 사람마다 다르겠지만 필자는 〈사기〉를 집필했던 사마천을 들고 싶다. 그는 비루한 삶을, 고통스러운 삶을 살았지만, 죽어서 이름을 남긴 인물 중의 한 명이다.

그가 현세에서 받았던 죽음보다 더한 치욕이 없었다면 위대한 책은 탄생되지 않았을 것이기 때문이다. 현세에서 그는 치욕적인 삶을 살아야 했고, 그로 인해 그는 그러한 치욕과 오명을 벗기 위해 혼신의 힘을 다해 〈사기〉를 집필해야만 했다.

사마천은 〈사기〉를 통해 중국 및 이민족의 역사를 전설상의 황제(黃帝) 시대부터 자신이 살았던 한무제(漢武帝) 때까지 2000여 년을 다루었다. 오랜 기간을 다루었기에 그가 기술한 내용은 130권이나 되고, 크게 다섯 부분으로 구성되어 있다. '본기(本紀)' 12편, '표(表)' 10편, '서(書)' 8편, '세가(世家)' 30편, '열전(列傳)' 70편 등으로 구성되어 있으며 글자 수는 모두 52만 6500자로 이루어져 있다.

이 다섯 부분 중에서도 〈사기〉의 백미로 손꼽히는 부분은 〈사기〉의 반 이상을 차지하는 〈열전〉이다. 권력과 인간의 관계를 파헤친 진정한 인간학의 보고(寶庫)이고, 사마천의 역사의식이 가장 잘 나타나는 부분이기 때문이다. 또한 여기에는 각 시대를 대표하는 다양한 인물 군상을 통해 인간과 삶의 근본적인 질문과 문제에 대해 살펴보고 통찰할 수 있는 개인의 전기들로 구성되어 있기에 〈사기〉의 다섯 부분 중에서도 가장 큰 인기를 끌고 있다.

〈본기〉는 오제로부터 한무제에 이르기까지 천하에 권력을 잡은 왕조나 제왕들의 역사를 기록했고, 〈표〉는 2500여 년의 고대사를 일목요연하게 정리했고, 〈서〉는 제도, 과학, 민생, 치수 등과 같은 전장 제도(典章 制度 - 제도와 문물)의 이론과 역사를 기록했고, 〈세가〉는 주로 제후왕의 역사를 기록했다.

사마천의 〈사기〉는 동아시아 최초의 역사서이며, 동양 역사서의 근간이다. 그 뿐만 아니라 인간학의 보고(寶庫)일 뿐만 아니라 동양을 넘어 세계의 고전으로 손꼽힌다. 〈사기〉가 이처럼 위대한 책이 될 수 있었던 것은 한 마디로 이 책의 저자인 사마천이 깃털처럼 가벼운 죽음을 선택하지 않았기 때문이다. 그는 태산처럼 무거운 죽음을 선택했다. 그 결과 그는 인간의 처절한 고뇌가 고스란히 녹아들어 있는 총 130권의 방대한 책을 집필 할 수 있었다.

죽음에도 종류가 있듯이 삶에도 종류가 있다. 태산보다 더 무거운 삶이 있고, 깃털보다 더 가벼운 삶이 있다. 당신은 어떤 삶을 살고 있는가?

인생은 당신이 하루 종일 생각하고 있는 것으로 이루어진다. 당신은 하루 종일 어떤 생각을 하고 있는가? 혹시 불안이라는 두려움으로 하루를 오롯이 보내고 있는 것은 아닌가? 이런 사람이 있다면, 멀지 않아 심각한 정신질환에 걸릴 수도 있을 것이다.

당신이 태산보다 더 큰 삶을 살 것인지, 깃털보다 더 가볍고 작은 삶을 살 것인지를 결정하는 것은 실제로는 당신이 하루 종일 하는 생각의 질과 크기다. 당신의 생각이 결국에는 당신의 인생의 크기와 무게를 결정한다.

생각에는 여러 가지 종류가 있다. 건설적이고 희망적이고 긍정적인 생각도 있지만, 그 반대로 절망과 좌절, 후회와 분노, 두려움과 불안으로 가득 차 있는 매우 부정적인 생각도 있다.

당신이 하루 종일 하는 생각의 종류가 바로 당신의 삶을 결정짓는다. 온 종일 세상의 많은 것들을 두려워하는 불안한 마음으로 사는 사람이 있다면, 혹은 과거의 일에 대해 온 종일 후회하고 세상과 타인에 대한 분노로 사는 사람이 있다면, 이런 사람의 미래와 삶의 모습과 내용은 어떨까?

충분히 미루어 짐작을 할 수 있을 것이다. 우리가 정말로 두려워해야 할 것은 오직 두려움, 그 자체일지도 모른다. 산다는 것은 큰 의미가 있다. 산다는 것은 기적이며, 산다는 것은 그런 기적을 하루하루 경험하고 누리는 것이다. 우리 모두는 태어나려고 엄청난 노력이나 어마무시하게 바쁘게 행동하지 않았다. 태어난 것은 하나의 축복이며, 산다는 것은 일종의 기적이다.

그러므로 이런 기적을 하루하루 누리며 살아가는 것이 바람직하다. 이런 기적의 삶을 살아가는 당신이 하루하루 온갖 불안과 두려움으로, 분노와 후회로 살아가는 것은 어울리지 않는다.

우리의 인생은 그런 불안과 두려움, 분노와 후회에 발목 잡혀야 할 정도로 작고 무가치한 것이 절대로 아니기 때문이다. 어떤 환경과 형편에서도 당신의 삶은 그 이상의 가치와 의미가 있다.

우리는 고대 그리스의 위대한 철학자인 에픽테토스의 이 말을 명심해야 할 필요가 있다.

"인간을 불행하게 하는 것은 사물 자체가 아니라 그것을 바라보는 방식이다."

2

타인의 인정은
중요하지 않다

"군자는 능력이 없는 것을 근심하며 다른 사람이 자신을 알아주지 않는 것을 근심하지 않는다."

_〈공자, 논어〉

인간은 누구나 타인의 부정적인 피드백을 싫어한다. 심지어 무조건적으로 회피하려고 하는 사람도 적지 않다. 타인의 반응에 쉽게 상처를 받고 흔들리는 사람일수록 이런 경향이 심하다.

타인의 비판이나 평가에 대한 두려움은 누구나 있다. 하지만 타인의 부정적인 피드백이 개인의 발전에 도움을 줄 수도 있다는 사실을 인식해야 한다. 생각을 약간 바꿔서 타인의 인정이나 비판을 조금 더 편안하게 받아들일 필요가 있다.

다른 사람이 자신을 알아주지 않고, 당신의 업적과 성과를 무시한다고 해서 당신의 가치나 존재가 훼손되는 것은 아니라는 사실을 알아야 한다. 타인의 인정은 중요하지 않다. 타인의 인정을 받지 못했기 때문에 당신은 좀 더 겸손해 질 수 있고, 좀 더 노력할 수 있고, 최소한 자만하거나 나태해지지 않을 수 있다.

이런 점만 보더라도 당신은 타인의 인정을 받지 못했기 때문에 받는 혜택이 적지 않다. 그래서 좀 더 안주하지 않고 나아갈 수 있게 되고, 그 덕분에 나중에는 세상의 인정을 받는 사람으로 도약할 수 있게 되는 것이다.

10년 무명 생활을 한 가수나 배우가 나중에는 국민 가수, 국민 배우가 되는 원리가 바로 이것이다. 타인의 인정을 받지 못할 때, 당신은 더 오기가 생기고, 더 노력하게 되고, 더 몰두하게 된다. 그런 작용을 통해 당신은 타인이 인정하지 않고서는 안 될 정도로 도약하게 되는 것이다.

타인이 당신의 업적이나 성과를 인정하지 않고, 오히려 비난하고 폄하한다면, 당신은 어떻게 반응할 것인가? 이럴 때 사람들은 보통 무조건 회피하고, 비난에서 달아나려고 한다. 맹목적인 인신공격성 심한 악플의 경우에는 보지 않는 것이 좋다.

단순히 비판하고 지적하는 수준이 아니기 때문이다. 인신 공격을 하고, 심한 모욕을 주는 그런 비판이나 악플은 그것을 하는 사람의 인격과 인성의 문제다. 그런 비판이나 악플은 건전한 비판이 아니라 쓰레기에 불과하다. 그런 쓰레기에는 신경을 쓸 필요가 없다.

그러나 건전한 비판이나 지적에는 당신이 먼저 한 발 물러나서 객관적인 눈으로 상황을 평가하고 겸허히 수용하는 태도가 훨씬 더 당신의 인생에 유익하다. 타인의 피드백을 침착하게 받아들이는 태도는 피드백을 주는 사람과 받는 사람 모두에게 유익하다.

침착한 태도로 피드백을 받아들이게 되면, 일단 당신은 빠르게 안정을 찾을 수 있고, 새로운 해결책을 발견할 수 있는 데 큰 도움을 받게 된다. 태산처럼 큰 인생에 이런 피드백이 없다는 것은 스스로 깃털처럼 작은 인생이라는 것을 인정하는 것이 아닐까? 바다를 생각해 보라. 바다는 세상의 거의 모든 것을 다 수용하고도 조용히 그 자리에 있다.

당신의 인생이 태산처럼 큰 인생을 살고자 한다면, 지금보다 훨씬 더 많은 것을 수용해야 한다. 생각의 크기, 그릇의 크기를 키우고, 더 많은 것을 경험하고 받아들이고 수용해야 한다. 그렇게 될 때, 태산같은 인생이 가능해진다.

3

최악의 위기 때
최고의 인생을 산다

"옛날 서백은 유리에 갇혀 있으므로 [주역]을 풀이했고, 공자는 진나라와 채나라에서 고난을 겪었기 때문에 [춘추]를 지었으며, 굴원은 쫓겨나는 신세가 되어 [이소]를 지었고, 좌구명은 눈이 멀어 [국어]를 남겼다.

손자는 다리를 잘림으로써 [병법]을 논했고, 한비는 진나라에 갇혀 [세난]과 [고분] 두 편을 남겼다. [시] 300편은 대체로 현인과 성인이 발분하여 지은 것이다. 이런 사람들은 모두 마음속에 울분이 맺혀 있는데 그것을 발산시킬 수 없기 때문에 지나간 일을 서술하여 앞으로 다가올 일을 생각한 것이다."

_〈사마천, [사기열전 2], 민음사, 882쪽, 2007년〉

인간은 최악의 위기 때 최고의 인생을 살 수 있는 환경이 만들어진다. 아이러니하지만, 사실이다. 세르반테스가 최고의 소설인 〈돈키호테〉를 쓴 때는 바로 인생에서 가장 힘들고 최악의 순간이었던 감옥에 갇혔을 때이다.

심지어 그는 종이를 구할 수 없을 정도로 가난해서 자신에게 있었던 가죽옷을 긁어 글을 썼다. 이런 경우는 비일비재하다. 〈실낙원〉이라는 최고의 고전을 밀턴이 썼을 때는 다름아닌 가난과 병에 시달릴 때도 아니었다. 가난과 병으로 시달려서 급기야는 눈이 멀었을 때, 바로 최악의 위기 때였다.

우리가 알아야 할 인생의 교훈 중의 하나는 바로 이것이다.

'최악의 위기와 고통을 경험하고 겪어낸 사람만이 최고의 인생을 살 수 있고, 최고가 될 수 있다.'

역사학자였던 토인비도 [역사의 연구]란 책을 통해, 인류 문명의 발흥은 좋은 환경의 땅에서가 아닌, 척박하고 도전이 끊임없이 일어나는 최악의 환경으로 둘러싸인 땅에서 일어났다고 주장한 바 있다.

역사란 결국 도전과 응전이라는 개념으로 풀어 쓴 최초의 역사학자였다. 사마천이 [사기]라는 위대한 역사서를 쓴 것도, 마키아벨리가 [군주론]이라는 명작을 쓴 것도 모두 그들에게 인생 최강의 위기 때라는 점은 우리에게 시사하는 바가 적지 않다.

당신의 인생에서 지금이 최악의 위기 때인가? 그렇다면 기뻐하고 즐거워해야 하지 않을까? 이제부터 당신의 진짜 최고의 인생이 시작될 수 있는 최고의 기회를 맞이한 것과 다름없기 때문이다.

시련과 역경을 많이 겪은 사람과 그렇지 않고 평탄한 삶만을 살았던 사람은 격차가 생긴다. 전자의 경우가 무엇을 해도 더 큰 성공을 할 수 있고, 그 분야에 최고수로 도약할 수 있다. 그 이유는 태풍이 없으면 훌륭한 뱃사공을 만들 수 없는 이유와 마찬가지다.

장자(莊子)의 쇼요유(逍遙遊) 편에는 이런 말이 나온다.

"물이 깊지 않으면 큰 배를 띄울 수 없고, 바람이 세지 않으면 큰 날개를 띄우지 못한다."

시련과 역경은 사람을 강하게 만들고 현명하게 만들고 고수가 되게 해준다.

'수장선고(水長船高)'란 말이 있다. 물이 많고 높아야 배는 높게 올라 갈 수 있다는 말이다. 인생도 이와 다르지 않다. 살아가면서 최악의 상황을 맞닥뜨려 본 적이 없는 사람은 자신의 인생배를 높게 띄울 수 없다.

시련과 역경이 많고, 실패가 많고, 최악의 상황이 많으면 많을수록 인생에서 성공하고 도약할 확률은 높아지게 된다. 이런 사람들이 실제로도 성공한 삶을 살아갈 수 있게 된다.

위대한 인물들은 언제나 최악의 상황을 경험하게 된다. 그리고 그러한 최악의 상황이 그들로 하여금 최고가 될 수 있게 마중물 역할을 해주고, 촉진제 역할을 해주었던 것이다.

정신분석의 창시자인 프로이트도 역시 최악의 상황은 있었다. 있는 정도가 아니라 평생 동안 그는 최악의 평가를 받았던 인물이다.

그는 엄청난 양의 새로운 논문을 발표할 때 마다 정평이 나있는 의학계로부터 다음과 같은 혹평을 받았다는 사실이다.

"별 쓸모없는 쓰레기 같은 논문입니다."

"저질 의사의 정신병적인 망상입니다."

심지어 그는 정신병자 취급을 받을 정도로, 그의 엄청난 양의 논문들은 모두 한결같이 쓰레기 취급을 받았고, 무려 20년 동안 그러한 상황은 달라지지 않았다. 그럼에도 불구하고 그는 포기하지 않고, 엄청난 양의 논문을 발표했던 것이다. 그 결과 그는 최고의 학자가 될 수 있었던 것이다.

4

마음속의 두려움을
버려야 하는 이유

"상대가 너무 강하기 때문에, 지금까지 없던 곤경에 빠져 있기 때문에, 상황이 너무 나쁘기 때문에, 역전할 수 있는 조건이 갖춰져 있지 않기 때문에 패배하는 것이 아니다. 마음속에 두려움을 가지고 겁먹고 있을 때, 스스로 파멸과 패배의 길을 선택하게 된다."

_〈니체, [농담, 음모 그리고 복수]〉

니체의 이 말은 진리다. 상대가 너무 강하기 때문에 패배하는 것이 아니라 마음속에 두려움을 가지고 겁먹고 있기 때문에 파멸과 패배의 길을 스스로 선택하게 되는 것이다. 당신을 파멸로 이끌 수 있는 유일한 존재는 당신뿐이라는 사실을 알아야 한다.

마음속의 두려움을 버려야 풍요로움 삶을 살아갈 수 있다. 마음속에 두려움을 가지고 있는 상태는 고통스러운 상태다. 이런 고통을 줄여야 행복해진다. 우리 마음속에 두려움을 버릴 수 있는 능력이 바로 고통을 줄일 수 있는 능력이다. 그리고 이런 능력이 없으면 행복을 누리는 것은 불가능하다.

참된 행복과 성공은 우리 안에서 나오기 때문이다. 하루하루는 선물이며 축복이다. 그런데 마음속의 두려움을 가지고 있을 때는 이 하루하루가 선물이 아니라 지옥이 된다. 그러므로 우리는 마음속의 두려움을 버려야 한다.

내 안의 두려움을 버릴 때 비로소 우리는 선물을 되찾을 수 있게 된다. 내 안의 두려움을 버릴 때 비로소 경쟁에서 승리할 수 있게 된다. 성공한 사람이 행복해지는 것이 아니라, 두려움을 버릴 수 있는 사람, 즉 행복한 사람이 사회에서도 성공하기 때문이다.

마음을 다스리지 못하면, 압도당하게 된다. 압도당하는 순간, 당신의 인생도 위태롭게 된다. 가까운 가족과의 관계도, 직장 동료와의 관계도, 주위 사람들과의 관계도 엉망이 된다. 행복은 또한 관계로부터 나온다. 결국 마음의 두려움은 내적으로도, 외적으로도 우리 인생을 위태롭게 한다.

두려움이 없는 사람의 표정은 밝고 활기차고, 삶이 자유롭다. 두려움이라는 관념의 감옥에서 벗어나있기 때문이다. 당신은 두려움이라는 관념의 감옥에서 늘 아등바등 살고 있는가? 두려움의 감옥에서 벗어나는 방법은 크고 담대한 마음을 가지는 것이다. 생각의 크기를 키우는 것이다.

어둠을 물리치는 방법은 없다. 다만 작은 성냥불을 키우는 것이 유일한 방법이다. 한 줄기 작은 불빛이라도 거대한 어둠을 물리칠 수 있다. 어둠을 물리치는 유일한 길은 빛이다. 이와 마찬가지로 두려움을 물리치는 방법은 없다. 하지만 유일하게 가능한 길은 그것과 정반대의 성격을 가진 생각을 하는 것이다. 빛이 어두움을 물리치는 유일한 가능한 길인 것처럼 말이다.

크고 강하고 담대한 생각을 하는 순간, 두려움은 사라지게 된다. 그것이 유일한 방법이다. 하지만 한 가지 더 우리가 삶의 교훈으로 삼아도 좋은 인물이 있다면, 바로 소크라테스다.

"자! 떠날 때가 왔다. 우리는 각자 자신의 길을 갈 것이다. 나는 죽고 여러분은 산다. 어떤 것이 나을지는 오직 신만이 알고 있다."

그의 일생에 마지막 말인 이 말을 우리는 잊어서는 안 된다. 어떤 삶이 더 나을지는 신만이 알고 있다. 사는 것이 아니라 죽는 것이 더 나은지도 신만이 알고 있다. 소크라테스는 인간이 무지하다는 것을 정확하게 파악했고, 죽음에 대한 두려움이 없었던 인물 중의 한 명이었던 같다.

그는 많은 사람들이 아무것도 모르면서 안다고 생각하지만, 본인은 최소한 아무것도 모른다는 사실을 알고 있다고 말했다. 그는 남과 달리 죽음을 두려워하지 않은 이유는 죽음에 대해 무지하다는 사실을 알았기 때문이다.

"죽음을 두려워하는 것은 지혜가 없으면서도 있다고 생각하기 때문에 생겨나는 일입니다. 곧 자신이 알지 못하는 것을 안다고 생각하기 때문입니다. 죽음에 대해서 아는 사람은 아무도 없습니다. 어쩌면 죽음은 좋은 것 중에서도 최고의 것인지도 모릅니다. 하지만 사람들은 죽음에 대해 전혀 모르면서도 나쁜 것 중에서도 최악의 것이라고 생각하고 두려워 합니다. 이것이야말로 알지도 못하면서 안다고 생각하는, 비난받아야 마땅한 무지가 아닐까요?"

_〈플라톤, [소크라테스의 변명 외], 권혁, 돋을새김 중에서 〉

동양의 장자도 역시 삶과 죽음이 하나라고 생각한 철학자다. 장자의 아내가 죽어 혜자가 문상을 갔을 때, 장자는 두 다리를 뻗고 편하게 앉아 질그릇을 두들기며 노래를 부르고 있었다고 한다. 이것을 본 혜자는 다음과 같이 물었다고 한다.

"자식을 낳아 함께 평생을 살았던 아내가 죽었는데, 곡조차 하지 않는 것도 무정하다 하겠지만, 거기에다가 질그릇을 두들리고 노래를 하다니 이거 너무 지나치지 않는가?"

그러자, 장자가 대답했다.

"그렇지 않소. 처음에는 나도 슬퍼하는 마음이 있었소. 하지만 삶이란 본래 없었던 거고, 그저 삶이 없었을 뿐만 아니라 본래 형체도 없었고, 기도 없었소. 그저 흐릿하고 어두운 속에 섞여 있다가 변해서 기가 생기고, 기가 변해서 형체가 생기며, 형체가 변해서 삶을 갖추게 된 거지요. 이제 다시 변해서 죽은 것이오. 이는 춘하추동이 서로 사철을 되풀이해서 운행함과 같소. 아내는 지금 천지라는 커다란 방 안에 누워 있소. 그런데 내가 소리를 질러 따라 울고불고 한다면 나는 하늘의 운명을 모르는 것이라 생각되기 때문이오."

다시 말해, 사람이 사는 것은 기가 모이기 때문이며, 기가 모이면 삶이 되고, 기가 흩어지면 죽음이 된다고 그는 주장했다. 결과적으로 삶과 죽음은 뒤쫓아 붙어 다니는 것이기에 괴로워할 수 없다는 것이다. 만물은 하나이며 삶과 죽음을 차별하지 말라는 것이다.

삶이란 잠시 빌려 사는 것이다. 그러므로 죽음을 두려워하지 마라. 삶과 죽음은 낮과 밤과 같은 것이다. 변화는 자연스러운 것이다.

5

삶은 유연해야한다

"세상을 살아가는 데 한 가닥 원활한 맛이 없다면 이는 곧 짐승에 불과하니 가는 곳마다 막힐 것이다. 사람으로서 한 점의 참다운 생각이 없다면 이는 곧 허수아비에 불과하니 일마다 헛될 것이다."

_〈홍자성, 채근담〉

세상을 살아가는 데 있어서 길게 내다보는 것이 신의 한수가 될 때가 많다. 지금 당장 손해보는 것이지만, 참고 양보하는 사람이 형통한 삶을 살게 된다.

너무 고지식하고, 너무 시시비비를 따지려고 하지 마라. 그렇게 되면 하는 일마다, 만나는 사람마다 부딪히게 되고, 막히게 된다.

한 가닥 원활한 맛이 없이, 꽉 막힌 사람은 사는 것이 힘들고 어렵다. 본인만 힘들고 어려운 것이 아니라 주위 사람들까지 힘들고 어렵게 한다.

물이 너무 맑으면 물고기가 마음껏 살 수가 없다. 그러므로 삶은 유연해야 하고, 부드러워야 한다.

명심보감에도 이런 말이 있다.

"자기를 굽히는 자는 중요한 자리를 차지할 수 있지만, 이기기를 좋아하는 자는 반드시 적을 만나게 된다."

그렇다. 자신을 굽힐 줄 모르는 자는 사람들을 포용하고 이끌 수 없다. 이기기만 좋아하는 사람은 어디에 가도 모든 사람을 적으로 만든다. 적이 된 사람들은 항상 그 사람을 괴롭히고 힘들게 할 것이다.

본인은 정작 '왜 나한테만 그러지? 세상 사람들은 왜 나를 못 잡아 먹어서 저렇게 안달이 났지?' 라고 말하곤 한다. 하지만 왜 그런지 이유를 잘 알지 못할 뿐이다.

그 이유는 바로 당신이 너무 뻣뻣하기 때문이다. 불친절하고, 매너가 없고, 이기기만 좋아하고, 굽힐 줄 모르기 때문이다. 상대방의 언행은 결국 당신의 언행의 반사다.

당신이 먼저 친절을 베풀고, 미소를 짓고, 크게 인사를 한다면, 상대방도 반드시 그렇게 한다. 당신이 먼저 고개를 숙일 수 있다면, 당신은 리더가 될 자격이 충분하다.

잘 나가는 CEO, 리더들을 살펴보면 공통점이 있다. 그것은 바로 그들이 사용하는 말이다. 그들이 공통적으로 많이 하는 말이 있다. 그 말은 어떤 말일까? 바로 이 말이다.

"죄송합니다."

잘 나가고 성공하는 사람들은 모두 '죄송합니다.'라는 말을 가장 많이 사용한다고 한다. 그들은 세상의 원리와 이치를 잘 알고 있는 현명한 사람들인 셈이다. 그들은 '죄송합니다'라는 말이 마법의 단어라는 사실을 알고 있다.

'죄송합니다'라는 말은 상대의 딱딱한 마음을 한 순간에 녹일 수 있게 해주고, 무장해제 시켜 주는 말이다. 먼저 고개를 숙이고, 자신을 낮추는 사람이 되는 길이 성공하는 방법이고 리더가 되는 방법임을 명심하자.

고전인문학9

흔들림 없는
삶을 위해서

"미성년의 원인은 이성이 부족한 데 있는 게 아니다. 다른
사람의 지도 없이 스스로 생각하려는 결단과 용기가 부족
한 데 있다."

_임마누엘 칸트

1

일을 하는 사람이
더 행복한 이유

"일은 사람에게 즐거움을 선사해 준다. 긴장감 속에서도 즐거움을 찾을 수 있다. 그러나 일을 하지 않는 사람은 항상 고민하고, 쾌락에 빠지고, 에너지를 소모해 힘이 나는 일도 없고, 만족하는 법도 없다."

_〈칸트, 비망록〉

    인생을 살면서 가장 즐거웠을 때는 언제였을까? 물론 가족과의 여행과 추억도 큰 즐거움이고, 돈을 많이 벌었을 때도. 큰 성취를 했을 때도 일종의 즐거움을 선사한다. 필자의 경우는 출간 한 도서가 자기계발 분야에서 1위를 차지했을 때도 그렇다. 하지만 이러한 것들은 지속적인 즐거움을 주는 것은 아니다.

    지속적으로 즐거움을 주는 것이 있을까? 그것이 바로 일을 하는 사람이다. 일을 하는 사람만이 누릴 수 있는 즐거움이 있다. 심지어 일을 하는 사람이 놀고 먹는 사람보다 정신적으로 더 행복하다.

많은 사람들이 젊었을 때 많이 일을 해서 돈을 벌고, 40이나 50의 이른 나이에 조기 퇴직을 하고, 즐기면서 노년을 보내는 것이 꿈이라고 한다. 하지만 일을 하지 않고, 노는 삶은 쉽게 권태기에 빠질 수 있고, 우울증에 걸릴 수 있고, 삶의 즐거움과 재미가 없어지게 된다.

정작 바다 한 가운데에서는 마실 물이 없어서 목이 말라 죽는 것과 같다. 정작 일을 하지 않는 인생이 되면, 비로소 삶의 즐거움과 낙이 없음을 알게 된다. 바쁘게 일을 하는 사람은 오히려 없는 시간을 쪼개서 삶의 즐거움과 낙을 누리고, 취미 생활도 하는 것을 볼 수 있다.

일을 하는 사람이 더 행복하고 더 건강하다. 그러므로 우리가 일을 해야 하는 이유는 분명하다. 더 행복한 삶, 더 건강한 삶은 일을 통해 가능하다. 일을 하는 사람의 인생이 더 성공적이다. 그 이유는 무엇일까?

백마 탄 왕자는 놀고 먹는 당신을 절대 찾아오지 않기 때문이다. 인생을 바꾸는 행운도 저절로 당신을 찾아 오지 않기 때문이다. 일을 많이 하면 할수록 이런 행운과 백마 탄 왕자는 찾아올 확률이 높아진다. 진짜다. 해보라. 필자는 경험했다.

많은 사람들이 운이 없어서 실패했다고 말한다. 운이 나빠서 지금 내 인생이 이 모양 이 꼴이라고 말한다. 체념하고 포기하고 절망 속에서 살아간다. 하지만 많은 사람들이 일을 멈추지 않고 해나갔다면, 행운은 더 많이 찾아 왔을 것이고, 그 인생은 그 모양 그 꼴로 끝나지 않았을 것이다.

일을 하면 할수록 정신 건강도 더 좋아지지만, 사회적 성공 확률도 더 높아진다. 정신적으로도, 사회적으로도 일거양득인 셈이다. 이렇게 좋은 것을 왜 하지 않는가?

일을 하는 사람과 하지 않는 사람의 가장 큰 격차는 인생에 위기가 왔을 때다. 인생을 살면서 가장 슬픈 일이 발생했을 때, 가장 힘든 일이 발생했을 때, 일을 하는 사람은 거뜬하게 견딜 수 있다. 일을 하는 그 과정에서 슬픔을 이겨낼 수 있는 즐거움과 힘이 나오기 때문이다. 하지만 일을 하지 않는 사람은 시간적 여유가 많기 때문에, 하루 종일 슬픔에 빠져 있게 된다.

일을 하는 사람은 슬픔에 빠져, 분노와 후회와 아픔을 느낄 시간이 없다. 일을 하는 사람에게 과거의 슬픔과 아픔은 절대로 발목을 잡을 수 없다. 일을 하는 사람이 더 행복한 이유는 과거에 연연해할 시간이 없기 때문이다. 일을 하는 사람은 과거에서 벗어나 지금 이 순간을 살아내기 때문이다.

2

자기 일을 즐거워하는 것이
최고의 인생이다

"그러므로 나는 사람이 자기 일에 즐거워하는 것보다 더 나은 것이 없음을 보았나니 이는 그것이 그의 몫이기 때문이라."

_전도서

최고의 인생은 사람이 자기 일에 즐거워하는 것이다. 왜 일까? 하루 중에 가장 많은 시간, 해야 하는 것이 일이다. 일은 일주일에 40시간 이상 해야 한다. 출근하는 직장인의 경우에는 더 심하다.

일주일에 5일을 출근해야 한다. 출근해서 하루 종일 일을 해야 한다. 그런데 가장 비참한 사람은 자기 일을 싫어하는 사람이다. 자기 일이 괴로운 사람과 자기 일이 즐거운 사람의 삶의 질과 내용은 그야말로 하늘과 땅 차이다.

자기 일을 즐거워하는 사람이 누릴 수 있는 최고의 축복은 이것이 아니다. 자기 일을 즐거워하는 사람은 비범해질 수 있고, 자신의 분야에서 최고가 될 수 있다. 당연한 일이다.

1만 시간의 법칙을 우리는 잘 알고 있다. 자신의 일을 즐거워하는 사람 중에 그 분야에서 최고로 인정을 받지 못하는 사람은 찾아보기 힘들다. 자신의 분야에서 최고로 인정을 받으면 인생이 달라진다.

최고가 되면, 수입이 달라지고, 평가가 달라지고, 스스로 만족감과 성취감이 달라진다. 소위 말하는 잘 나가는 사람이 될 수 있고, 풍요로운 삶을 살 수 있다. 이런 인생이 즐겁지 않으면 어떤 인생이 즐거울까?

자기 일을 즐거워하는 인생이 최고의 인생이다. 모든 성공은 생각이나 기대가 아니라 노력과 끈기로 이루어 진다. 자기 일을 즐거워하는 사람보다 더 많은 시간과 노력과 에너지와 정성을 자신의 일에 쏟는 사람은 불가능하다.

자기 일을 즐거워하는 사람만큼 과거의 분노와 상처로부터 쉽게 자유할 수 있는 사람은 없다. 자기 일을 즐거워하는 사람만큼 삶의 온갖 불안과 두려움으로부터 쉽게 벗어나 자신의 일에 집중할 수 있는 사람은 없다.

생각해보자. 두려움이나 분노나 아픔에 사로잡힌 인생이 즐거울 수 있을까? 삶은 우리의 마음을 반영한다. 두려움을 이겨내지 못하는 사람, 상처를 극복하지 못하는 사람, 분노를 버리지 못하는 사람, 아픔을 초월하지 못하는 사람은 결코 즐겁지 않다. 그렇다면 두려움을 이겨내는 가장 좋은 방법은 무엇일까? 상처를 극복하는 가장 좋은 방법은? 분노를 쉽게 버릴 수 있는 좋은 방법은? 아픔을 초월할 수 있는 가장 좋은 방법은 무엇일까?

바로 자신의 일을 즐거워하는 것이다. 자기 일을 즐거워하는 것이 최고의 인생이며, 행복한 인생이며, 성공적인 인생이며, 즐거운 인생이다. 말을 해서 무엇하겠는가? 두 말 하면 잔소리지 않는가?

3

안락할 때
위험을 생각하라

"안락할 때 위험을 생각하지 않고, 검소한 생활을 통해 사치를 경계
하는 일을 생각지 못하며, 미덕을 많이 쌓지 못하고 감정이 사욕을 누
르지 못하는 것은 나무뿌리를 뽑아버린 뒤에 무성하게 자라기를 구하
원류를 막아놓은 채 물이 멀리 흐르기를 바라는 것과 같다."

_〈정관정, 권1_군주의 도〉

　인생은 부침이 심하다. 이런 인생을 흔들리지 않고 살아가기 위
해 필요한 것 중에 하나는 유비무환의 삶의 자세다. 미리 준비가
되어 있으면 우환을 당하지 아니한다는 사실을 명심해야 할 것이
다.

긴 인생을 살아갈 때, 지금 잘 나간다고 위험이나 위기의 순간을 생각하지 않고, 무절제하게 경비를 쓰고, 지출을 한다면 그 회사는 곧 망하게 된다. 1990년대 IMF를 생각해 보라. 외환위기가 닥쳐왔을 때, 미리 준비를 한 기업들은 버틸 수 있었고, 그 덕분에 더 큰 성장과 도약을 할 수 있었다.

삼성전자를 초일류 기업으로 도약시킨 이건희 회장이 늘 강조했던 것이 바로 위기의식이었다. 회사가 잘 나가고 있을 때도 늘 위기의식을 강조했기 때문에, 삼성을 다닐 때, 필자도 역시 의아해한 적이 있었다. 하지만 잘 나간다고 위기의식을 가지고 있지 않고, 진짜 위기일 때 위기의식을 느끼면 그 때는 너무 늦다.

이건희 회장이 안락할 때, 잘 나갈 때 일수록 더욱 더 위기의식을 강조했다는 사실에 대해 이미 필자는 다른 책을 통해 이야기한 바 있다. 그 내용을 다시 한 번 이야기해 보겠다. 세상에 공짜는 없다. 1등을 하는 기업을 그만한 이유가 있다. 그것도 지속적으로 하는 기업은 다른 기업에 없는 탁월한 리더가 있거나, 놀라운 의식이 있다. 삼성에는 이건희 회장과 위기의식이 있었던 것이다.

"삼성은 지난 1986년도에 망한 회사입니다. 나는 이미 15년 전부터 위기를 느껴왔습니다. 지금은 잘해 보자고 할 때가 아니라 죽느냐 사느냐의 기로에 서 있는 때입니다. ... 세계 제일이 아니면 살아 남을 수

없습니다."

_〈홍하상, [이건희] 한국경제신문, 2003년, 151쪽〉

그는 언제나 위기의식을 느끼면서 위기를 준비해 왔다는 사실을 잘 알 수 있는 말이다. 삼성은 2002년 세계 초일류 기업인 소니를 역사상 처음으로 넘어섰다. 그리고 그 후 그 격차는 갈수록 벌어졌다. 하지만 이건희는 그것에 만족하지 않았다. 그것에 안주하지 않았다.

보통 인물이라면 2002년도에 샴페인을 터뜨리고 승리감에 도취되어 '이제 됐다.', '소니를 이겼다', '이제 일등이다' 라고 자만하면서 위기를 느끼지 않았을 것이다. 최소한 그토록 높게만 보였던 소니의 벽을 넘어선 그 해에는 그랬을 것이다. 너무나 큰 업적을 달성했기 때문이다. 하지만 이건희는 달랐다. 오히려 바로 그 해 2002년도에 위기를 강조하고, 더 달릴 것을 임직원들에게 주문했기 때문이다.

그의 목표, 그의 비전, 그의 기대치는 얼마나 높은 것일까? 삼성이 역사상 처음으로 소니를 이겼을 때 그가 한 말을 살펴보면, 그의 그릇이 얼마나 큰 것인지를 잘 알 수 있을 것이다.

"위기는 내가 제일이라고 생각할 때 찾아온다. 발전이 없는 현재는 자만심에 찬 퇴보이기 때문이다." _〈삼성이 역사상 처음으로 소니를 이겼을 때 임원들에게, 홍하상, 이건희, 한국경제신문, P20〉

2002년 4월 2일 미국 뉴욕 주식 시상에서 시가 총액이 삼성 65조 6,800억 원으로 소니의 63조 5,600억 원보다 2조 1,200억이나 사상 최초로 앞선 직후에도 그는 사장단들을 불러 놓고서 위기의식을 가져야 한다고 강조하고 또 강조했다.

"첫째, 경영성과가 좋다고 자만하지 말고 위기의식을 지녀야 거센 도전을 이겨낼 수 있다. 즉, 미리미리 앞날에 대비하는 '준비경영'을 해야 한다.

둘째. 5~10년 뒤 우리가 세계 1등을 할 수 있는 분야가 무엇인지, 시장점유율은 어떻게 가져가야 하는지 대비해야 한다.

셋째, 전자제품 수명이 갈수록 단축되는 빠른 시장변화에 맞서려면 사업부문 간 협동을 통해 첨단기술과 우수인력을 하루 빨리 확보해야만 한다.

넷째. 반도체를 포함한 핵심부품과 홈시어터, 모바일, 오피스 네트워크 등 4대 전략사업에서 1위 제품을 중심으로 사업구조를 재구축하고, 중복, 한계 사업은 교통정리한다.

다섯째, 반도체를 비롯해 휴대전화 등 삼성제품의 수출비중이 커짐에 따라 국민기업으로서 역할과 사명을 다해야 한다."

_〈홍하상, [이건희] 한국경제신문, P28〉

2002년 4월 19일, 용인의 삼성인력개발원에서 사장단 합숙 회의 시에 그가 한 이 말들을 보면 그가 소니를 넘어섰다고 자만하거나 자축하거나 하는 모습을 절대 찾아 볼 수가 없다. 오히려 그는 이럴 때일수록 더욱 더 조심하고 위기의식을 가져야 한다고 말하고 있는 것이다.

그의 말대로, 위기는 자신이 제일이라고 생각할 때 찾아오는 것이다. 삼성이 일등이 되었을 때, 이건희는 바로 그것이 위기라고 말하고 있는 것이다. 만약에 그 때 다른 평범한 리더들처럼 스스로 자축하며, 이제 됐다라고 말하는 순간 절대적인 위기가 닥쳐오고 있는 것이 될 것이다.

삼성이 1993년을 기점으로 10년 사이에 100배, 25년 만에 132배의 성장을 한 것은 과연 무엇 때문일까?

그것은 바로 이건희의 위기경영 마인드 때문일 것이다. 잘 하고 있을 때, 일등을 했을 때 더 열심히 하고 더 위기를 느끼라는 그의 위기 경영 철학이 삼성의 놀라운 성장을 이끌어 내었던 것이다.

그는 회장으로 취임하여 삼성이 큰 문제가 없었을 때, 삼성병에 걸렸다고 위기를 가장 먼저 인식했고, 그 결과 신경영 선언이 탄생하게 되었다. 그리고 그는 그 때부터 지금까지 위기 경영을 실천해 오고 있다.

그가 93년 신경영 당시 위기론을 주장했을 때 그의 말을 살펴 보자.

"정신 안 차리면 구한말 같은 비참한 사태가 올 수도 있다"(93년 위기론)

그리고 13년 후에도 그는 변함없이 위기를 강조하고 있다는 사실을 알 수 있다. 이때는 소니와 엄청난 격차가 벌어지고 있어서, 명실상부한 전자 업계 1위라고 할 수 있을 때이다. 전 세계가 삼성을 주목하고 있는 그럴 때에도 이건희는 위기의식을 가지고 있어야 하고, 변화의 흐름을 잘 파악해야 한다고 강조하고 있다.

"잘 나간다고 자만하지 말고 항상 위기의식을 갖고 변화의 흐름을 잘 파악해야 한다. 과거에 해오던 대로 하거나 남의 것을 베껴서는 절대로 독창성이 생기지 않기 때문에 모든 것을 원점에서 보고 새로운 것을 찾아내는 창조성이 필요하다."

이건희 삼성그룹 회장이 2006년 6월 28일 오후 서울 한남동 승지원에서 전자와 금융부문을 제외한 13개 독립계열사 사장단회의에서 삼성이 지향해야할 좌표로 '글로벌 창조경영'을 강조하면서 한 말이다.

그리고 그는 그 전에도 위기의식을 가져야 한다고 강조하고 또 강조했다.

"200여 년 전 건설된 워싱턴 DC의 도로율은 40%에 이른다. 모든 일은 장기적인 계획을 갖고 추진해야 하며 기회를 상실할 경우 그 피해는 회복이 거의 어려우므로 기회선점 경영에 주력해야 한다.

21세기를 대비하는 모든 준비가 2~3년 내에 이루어지지 못하면 세계 일류기업으로 도약할 마지막 기회를 잃는다는 위기의식을 가져야 하며 올해가 그 마지막 기회다. ...

첨단 경영은 21세기를 미리 예측해 대비하는 경영이다. 앞으로는 하드웨어 제조기술보다는 소프트웨어 개발이 더 중요해질 것이므로 인재 확보와 고급 두뇌 양성이 무엇보다 시급하다."

_〈홍하상, 〔이건희〕, 한국경제신문, P143~144〉

20세기의 마지막 해에도 그는 위기의식을 강조했음을 알 수 있다. 이렇게 탁월한 리더는 잘 나갈 때 위기의식을 강조한다. 명심하자.

4

지위가 낮은 사람에게
잘해야 한다

"군주는 배에 비유되고, 백성은 물에 비유된다. 물은 배를 띄울 수도
있고, 물은 배를 뒤집을수도 있다."

_〈관정요, 권1_군주의 도〉

지위가 높아지고 성공할수록 주위 사람들에게 잘 해야 한다. 큰
부와 명예를 얻을수록 언행을 더 신중하게 하고 조심해야 한다. 왜
냐하면 그 때부터 당신은 군주가 되기 때문이다.

많은 이들이 평범하게 살다가 유튜브나 대중매체를 통해서 인기
를 얻게 되고, 세상에 얼굴이 알려지게 되어, 광고도 많이 찍게 되
었을 때, 그들의 성공이 하루아침에 뒤집어 지는 경우가 있다. 바

로 미투나 빚투, 혹은 과거에 범죄 기록 등 때문이다.

과거보다 현재는 SNS가 너무 발달하였기 때문에, 누군가가 범죄 의혹을 제시하면, 실제로 그런 적이 없는 사람은 당당하게 밝히면 된다. 무서워 할 필요는 없다. 하지만 실제로 죄를 짓고, 성추행을 하거나, 남에게 사기를 치거나, 빚을 지고 갚지 않은 사람은 이제는 공인이 될 수 없다. 정관정요에 나와 있는 이 한 문장이 더 현실적으로 우리에게 다가오는 이유가 바로 이것이다.

명심보감에도 소인과 더불어 원수를 맺지 말라고 조언하는 대목이 있다.

'소인과 더불어 원수 맺지 말라. 소인에게는 따로 상대가 있다. 군자에게 아첨하지 말라. 군자는 원래 사사로운 은혜는 베풀지 않는다.'

소인배와 같은 사람이 있다. 이런 사람에게는 더 정중하게, 더 예의를 갖추고, 올바른 말만 해야 한다. 자칫 마음을 놓으면, 언제 별것도 아닌 것으로 꼬투리를 잡고, 공격하고 비난할지 모르기 때문이다.

소인난양이란 말이 거저 생긴 것은 아니다. 소인은 다루기 힘들다. 가까이 하면 불손하게 굴고 멀리 하면 원망을 하기 때문이다. 그렇기 때문에 소인을 다룰 때 가장 좋은 방법은 누구에게라도 차별하지 않고 공정하고 공평하게 대우하고 말을 하는 것이다.

지위가 낮다고 함부로 대하고 말을 낮추는 것은 절대 해서는 안되는 일이다. 소위 갑질이라는 말이 있다. 지위가 높은 사람이 낮은 사람에게 너무 심하게 무례한 행동을 하거나 횡포를 부릴 때 이르는 말이다. 갑질을 하는 사람은 지위가 낮은 사람에게 더 잘 해야 한다는 사실을 모르는 어리석은 사람의 어리석은 행동에 불과하다.

배를 띄우는 것도, 전복시키는 것도 물이기 때문이다. 주위 사람들은, 특히 지위가 낮은 사람들은 당신의 평판을 좌지우지할 수 있고, 당신에게 위기가 왔을 때, 비로소 그들의 말과 행동이 당신을 구할 수도 있고, 제거할 수도 있다는 사실을 명심해야 한다.

높은 관직을 가진 관리가 성안에서 성주가 베푸는 연회에 참석해서 먹고 마시면서 비싼 술을 마음껏 마시면서 놀다가, 오줌을 누기 위해 성 밖으로 잠깐 나왔다. 그 때 밤새 성문을 지키고 있던 지위가 낮은 문지기가 먹다 남은 술이 있으면 좀 달라고 했다. 그 때 그 높은 관직을 가지고 있었던 사람은 풍족하게 술을 마실 수 있었다. 언제든 성안에 들어가면 너무나 많은 술이 있었기 때문이다. 그런데도 자신의 손에 있던 술 한 모금을 문지기에게 주지 않고, 땅 바닥에 쏟아 버렸다.

나중에 성주가 문지기 앞을 지나가다가 충격적인 말을 들었다. 높은 관직에 있는 그 사람이 성문을 향해 오줌을 누고, 성주에게 아주 모욕적인 말을 하면서, 성을 빼앗을 것이라는 말을 하는 것을 들었다는 말이다. 물론 문지기는 거짓말을 하고 있는 것이었다. 하지만 성주는 분노에 휩싸여, 즉시 그 높은 관직에 있는 그 사람을 잡아 처형을 했다. 이 이야기는 필자가 지어낸 이야기가 아니라 실제로 있었던 일이다.

　　지위가 낮은 사람이라고 해서 함부로 대해서는 안 된다. 더욱이 무시하거나 경멸하는 태도나 언행을 해서는 안 된다. 인간은 누구나 존경받아야 마땅한 존재이기 때문이다.

5

자신에
집착하지 않는다

"순수한 지인은 자신에게 집착하지 않는다.
마음이 살아있는 신인은 결과에 연연해지 않는다.
훌륭한 성인은 이름에 초연한다."

_장자

당신이 누구이든, 당신이 어디에 있든, 당신 인생에서 최고의 적은 바로 자신에게 집착하는 것이다. 자신에게 집착하는 순간, 모든 번뇌가 당신을 괴롭힐 것이기 때문이다. 세상에서 가장 행복한 사람은 자신에게 집착하지 않는 사람이다.

누구나 도전하고 결단하고 크고 작은 성취와 성공을 경험하고, 때로는 실패와 실수를 하면서 살아간다. 이런 모든 순간을 경험하면서도 한 사람은 행복한 삶을 살고, 또 다른 사람은 불행한 삶을 살아간다. 그 이유는 바로 '자신에 집착하는 사람'인지 아닌지 이다.

〔에고라는 적〕의 저자인 라이언 홀리데이는 우리가 인생의 전환점에서 반드시 버려야 할 한 가지가 있다고 말한다. 그리고 그것은 바로 '자기 집착 주의'로 설명이 가능한 '에고' 라는 적이라고 말한다.

독일 총리 앙겔라 메르켈, 미국의 정치가 벤자민 프랭클린 등과 같은 인물들도 처음부터 성공한 사람은 아니었다. 그들도 우리와 마찬가지로 도전하고 성취하기도 하고 또 실패하기도 했다. 그러나 그들을 결국에는 성공하게 만들었던 한 가지 선택이 바로 위기의 순간, 인생의 전환점에서 그들은 에고라는 적을, 무조건적으로 나에 매몰된 지나친 자의식에서 벗어날 수 있었기 때문이다.

다시 말해, 인생을 살면서 모든 순간에 우리 인생을 망가뜨리는 최고의 적은 자기 집착이며, 에고라는 부르는 자의식이다. 이런 자의식은 결국 자만을 낳고, 무모한 자기 확신을 하게 만든다. 그런 속삭임은 결국 인생을 제대로 바라볼 수 없게 하고, 비로소 망하게 만든다.

위대한 소설가 헤밍웨이도 우리처럼 젊은 시절에 실패한 경험이 있었다. 남들은 다 잘 나가고 있는 데, 자신만 바닥까지 추락하고, 뒤처진 느낌을 경험하고 나서, 그 깨달음을 책으로 남겼다. 그 책이 바로 〔무기여 잘 있거라〕였다.

그는 이 소설을 통해 중요한 삶의 교훈을 우리에게 알려 준다.

'세상은 모든 사람을 깨부수지만 많은 사람들은 그렇게 부서졌던 그 자리에서 한층 더 강해진다. 그러나 그렇게 깨지지 않았던 사람들은 죽고 만다.'

그의 말처럼, 자만과 자기 집착에 강한 자는 깨어지지 않고, 망하고 만다. 하지만 자기 집착을 내려 놓고, 겸허히 수용하는 자는 언제나 다시 성장하고 성공할 수 있다.

자신의 이름에 초연하고, 결과에 연연해하지 않을 수 있어야 한다. 그것이 최고의 삶의 기술이다. 이것을 방해하는 최고의 적은 자기 집착이다. 자기 집착은 자만으로 이어지고, 나태하게 만든다. 절대 자신의 과오를 수용하려고 하지 않는다. 그 결과 인생이 망하게 되는 것이다.

인생에서 가장 조심해야 할 것이 있다면 '자만'이라는 단어일 것이다. 절대 자만해서는 안 된다. 자만하는 순간, 안주하게 되고, 안주하는 순간, 서서히 내리막길이 시작되기 때문이다.

한 걸음 물러서는 법을 배워라

"가장 중요한 원칙을 말한다면 평온한 마음을 유지하라는 것이다. 왜냐하면 모든 것은 자연의 법칙에 순응해야 하기 때문이다. 또한 얼마 안 있어 당신도 하드리아누스나 아우구스투스처럼 무로 환원될 것이기 때문이다."

_〈마르쿠스 아우렐리우스, 명상록〉

1

한 걸음
물러서라

"사람의 마음이란 변하기 쉽고 세상길은 힘난하다. 쉽게 갈 수 없는 곳에서는 한 걸음 물러서는 법을 알아야 하고 쉽게 갈 수 있는 곳에서는 어느 정도의 공로를 사양하는 것이 옳다."

_〈홍자성, 채근담〉

순간의 욕심과 분노로 평생 힘들게 일구어온 성공적인 인생을 망치는 사람들이 적지 않다. 중요한 것은 한 걸음 물러서는 법을 배우는 것이다. 지는 것이 이기는 것이라는 점을 우리는 알아야 한다.

어느 순간에는 거기에서 멈출 수 있는 사람이 승리자인 셈이다. 욕심을 내거나 순간의 분노를 참지 못하고 내 뱉은 한 마디 말이나 거친 행동이 결국 더 큰 부끄러움을 당하게 하고, 화를 자초하게 되는 것이다.

쉽게 갈 수 없는 곳이라면 한 걸음 물러서야 한다. 쉽게 갈 수 있는 곳이라면 양보하고 사양하는 법을 배워야 한다. 만족할 줄 모른다면 평생 화를 당하게 된다. 만족하고 멈출 줄 아는 것이 최고의 복이다.

"권력자와 맞서지 마라. 그의 손에 망할까 두렵다. 부자와 싸우지 마라. 그의 금력에 눌릴까 두렵다. 말 많은 사람과 다투지 마라. 그것은 불에 장작을 넣은 것과 같다."

탈무드에 나오는 말이다. 이 말처럼 한 걸음 물러서는 것이 슬기로운 삶의 자세와 같다. 다투고 사양하지 않는 것은 불에 장작을 넣는 것과 같다. 한 걸음 물러서는 것은 진정한 리더가 하는 행위다.

다투고 양보할 줄 모르는 리더는 존경 받지 못한다. 존경 받지 못하는 리더가 이끄는 사회에는 희망도 비전도 없다. 존경받는 리더가 이 세상에, 특히 한국 사회에 많지 않은 이유는 사람의 마음이란 변하기 쉽기 때문이다.

이 세상에 존재한 리더 중에 공적 생활과 사적 생활에 동일한 행동 규범과 삶의 원칙과 기준을 적용시킨 사람 중의 한 명은 간디이다. 철학이 없는 리더에게 비전이란 없고, 존경심도 기대할 수 없다.

위대한 리더는 투쟁하고, 성취하고, 승리하는 리더이기 이전에, 한 걸음 물러날 수 있는 리더다. 리더는 이중기준을 가져서는 안 된다. 리더는 다른 잣대로 자신과 타인을 평가해서는 안 된다.

우리에게 주어진 사명 중 하나는 죽는 순간까지 인간을 수양하여 인격을 완성하는 것이다. 잘못이나 결점이 전혀 없는 완벽한 인간은 없다. 그것을 목표로 하자는 것이 아니다. 잘못과 결점, 미숙함이나 부족함이 있지만, 좋은 삶을 살아갈 수 있다. 그렇게 할 수 있는 방법 중 하나는 한 걸음 물러서는 것이다.

나의 생각보다 타인의 생각을 먼저 경청하고 수용하는 태도, 나의 이익보다 타인의 이익을 먼저 앞세우는 자세, 나의 주장보다 타인의 주장을 먼저 이야기하고 자신을 양보하는 습관 등은 인간력이 있는 사람이다. 이런 사람이 성공하고 행복한 삶을 사는 것이다.

2

남을
원망하지 마라

"스스로를 반성하는 사람은 닥치는 일마다 모두 이로운 약이 되지만,
남을 원망하는 사람은 생각하는 것마다 스스로를 해치는 창칼이 된
다. 하나는 모든 선의 길을 열고 또 하나는 모든 악의 근원을 이루는
것으로 이 두 가지 차이는 하늘과 땅 사이처럼 멀다."

_〈채근담, 홍자성〉

　어떤 일이 생길 때마다 남 탓을 하는 것이 인간의 보편적인 습성
인지도 모른다. 하지만 남 탓을 하는 것은 매우 위험한 행위다. 남
탓을 할 때 본인과 타인, 모두 다 위험해지기 때문이다. 남 탓을 하
면 자신의 잘못에 대해서는 생각하지 않기 때문에 발전과 성장이
없는 사람이 되고, 타인은 불쾌한 비판과 비난으로 당신을 싫어하

고 혐오하고 심지어 원망이 생기게 될 지도 모르기 때문이다.

　결국 남 탓을 하면, 본인과 타인 모두 관계를 망칠 뿐만 아니라 스스로를 자만과 교만이라는 구덩이에 밀어 넣는 것과 다름없다.

　남 탓을 하고, 남을 원망하는 사람은 절대 먹어서는 안 되는 독약을 마시는 것과 다름없다. 자신의 인생이 죽어가기 때문이다. 자신의 수양에도, 타인과의 관계에도 치명적이기 때문이다.

　세상 모든 일에 남을 원망하고 남 탓을 하는 사람에게 인복이 많을 수는 없다. 인복이 많은 사람과 없는 사람의 인생은 하늘과 땅만큼 차이가 크다. 스스로를 늘 반성하는 사람과 남을 원망하는 사람의 가장 큰 격차는 화해를 해야 할 때 생긴다.

　언제든 누구와도 화해할 수 있는 사람이 강한 자이고 내공이 있는 자이다. 당신은 이것이 가능한가? 스스로를 반성하는 사람은 이것이 가능하다. 그리고 그렇게 힘든 것도, 불가능한 것도 아니다. 하지만 남을 원망하는 사람에게 이것은 거의 불가능한 일이다.

　당신 인생이 팍팍한 것도, 경제적으로 궁핍한 것도, 인생이 잘 안 풀리는 것도, 세상의 모든 일이 그 사람 탓이기 때문이다. 남을 원망하고 비난하는 사람은 자기 발전이란 것이 존재할 수 없다. 스스로를 반성하는 사람은 늘 자기 발전이 가능하다.

　가장 못난 행동은 남을 원망하고 남 탓을 하는 것이다. 가장 못난 행동을 하는 사람이 가장 못난 사람이다. 이런 악순환에서 벗어나는 방법은 이제부터 남을 원망하거나 비난하지 않는 것이다. 그리고 이것을 잘 하기 위해서는 당신이 하면 좋은 것들이 있다. 바로 감사하는 행위다.

늘 타인에게 감사하다는 말을 하고, 늘 친절하게 행동하는 습관을 들이면 어리석은 행동을 미리 예방하는 데 도움이 된다. 늘 감사하고, 작은 일에 기뻐하는 습관은 당신의 품위와 체면을 지킬 수 있도록 해 준다.

3

즐거움도
적당한 것이 좋다

'즐거움이 극에 달하면 근심하게 된다.'

_〈명심보감〉

세상에 영원한 것은 없다. 즐거움도 마찬가지다. 즐거움도 적당한 것이 좋다. 너무 지나치게 즐거우면 그것은 바로 근심이 시작된다는 의미이기 때문이다. 인간은 욕심이 너무 많다. 이것이 가장큰 문제다.

지금 우리가 가지고 있는 모든 것, 우리가 누리고 있는 모든 것은 다 잠깐 빌려 쓰는 것이라고 생각해야 한다. 이것이 맞는 말일수도 있다.

당신의 소유란 것이 과연 있을까? 당신의 가족도, 부와 명예도, 인기와 권력도, 지위와 신분도 모두 잠깐 빌려 쓰는 것이 아닐까? 당신이 스스로 만들 수 있는 것은 하나도 없다. 이미 세상에 있는 것을 잠깐 빌려 쓸 뿐이다.

당신이 가진 당신의 돈도, 당신의 집도, 당신의 가족도, 당신의 물건도, 당신의 지위도, 당신의 인기도, 당신의 권력도 모두 잠깐 빌려 쓰는 것이다. 그러므로 적당히 즐거워하고, 적당히 슬퍼하는 것이 옳은 것이다.

행복도, 성공도, 재물도, 권력도 적당한 것이 좋다. 너무 지나치면 그때부터 고통이 시작되고, 정상적인 삶이 불가능해 진다. 대통령이나 재벌의 자녀들이 이상하리만큼 자신의 앞가림을 못하고 인생이 망가지는 것에 대해 이상하다고 생각한 적이 없는가?

어마어마한 돈을 손가락 하나 움직여서 얻게 되는 로또 당첨자들이 몇 년 안에 알코올 중독자나, 가정이 파탄되고 자살을 하는 자나, 여러 가지 죄를 짓는 범죄자가 되는 현상을 이상하게 생각한 적이 없는가?

세상의 모든 것은 적당한 것이 가장 좋다. 생명도 마찬가지다. 우리가 모두 영원히 살 수 있다고 생각해보라. 영원한 생명이 있는데, 영원히 살 수 있는 데, 단 한 번의 실수로, 교통사고로 장애인이 된다면, 장애의 몸으로 평생이 아닌 영원히 살아야 한다면? 세상을 보지 못하는 시작 장애인으로 영원히 살아야 한다면?

인간이 진짜 영원히 살 수 있다면, 지구는 과연 어떻게 되었을까? 지구의 인구는 지금쯤 60억이 아니라 100억을 넘었을 것이고, 주거와 식량의 문제는 또 어떻게 해야 할까?

모든 것은 적당한 것이 좋다. 부모가 자녀에게 너무 많은 돈을 유산으로 남겨주면, 자녀를 망치게 된다. 그래서 자신의 전 재산을 사회와 국가에 기부하는 사람들도 적지 않다. 재산도, 즐거움도, 권력도, 인기도 적당한 것이 좋다. 지나치면 오히려 독이 된다.

권력도 성공도 적당한 것이 좋다. 전직 대통령 중에 누군가는 서울시장만 하고, 정치를 그만두었다면 정말 좋은 평가를 받으면서 노후를 행복하게 보낼 수 있었을 것이다. 하지만 정치에 욕심을 내고 대통령이 되는 바람에, 평생 노후를 차디찬 교도소에서 보내야 할 운명에 직면했다. 적당할 때 멈춤을 아는 것이 가장 큰 지혜이며 삶의 기술이다.

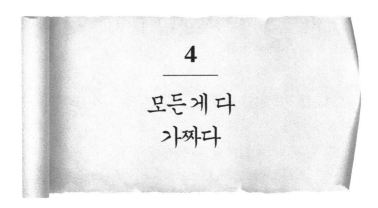

4
___

모든게 다
가짜다

"모든 게 가짜인데 왜 그렇게 붙잡으려고 애쓰는가?"

_〈장자〉

인간은 원래 엄청난 에너지를 지니고 태어난다. 경이롭기까지 한 무한한 에너지를 품고 이 세상에 태어난다. 하지만 시간이 흐르고 성장해 나감에 따라 세상을 알게 되고 경험하게 되면 될수록 그 에너지를 잃어버리게 된다.

아이들과 어른들을 보면 이 사실을 쉽게 알 수 있다. 아이들은 늘 에너지가 넘치고, 사소한 일에도 세상을 다 가진 것처럼 밝게 웃고 즐거워한다. 최고의 에너지 상태다. 하지만 어른이 될수록 어른들은 삶의 기쁨도, 즐거움도 없다. 무표정한 얼굴로, 무뚝뚝한 감정으로 하루하루를 살아간다.

그 이유는 무엇일까? 왜 어른이 될수록 에너지가 사라지고, 무기력해지는 것일까? 어린 아이 시절의 그 밝은 에너지는 어디에 간 것일까? 사라지게 하는 원인은 무엇일까?

그것은 바로 세상과 타인에 대한 분노와 걱정과 두려움과 욕심과 집착과 상처 때문이다. 이런 것들은 사람의 에너지를 빼앗아 가버리고 무기력하게 하고 기쁨과 즐거움을 사라지게 한다.

우리는 모든 사람과 잘 지낼 수는 없다. 우리는 모든 것을 잘할 수는 없다. 그런데도 우리는 어리석은 욕심을 내고, 집착을 한다. 헛된 욕심과 집착과 더불어, 걱정하고 두려워한다. 그리고 자신의 뜻대로 되지 않으면 분노하고 화를 내고 상처를 받고 아파하고 슬퍼한다.

명심하자. 세상의 모든 것이 다 가짜라면 어떻게 할 것인가? 모든 게 다 사라지고 마는 가짜라면 그렇게 붙잡으려고 애쓸 필요가 있을까? 그렇게 아등바등 살아갈 이유가 있을까?

모든 게 다 가짜다. 어제는 더 이상 존재하지 않는다. 그런데 왜 더 이상 존재하지 않는 어제의 일 때문에 그렇게 슬퍼하고 분노하고 아파하고 상처를 받는가? 세상의 모든 부와 명예와 권력과 지위가 다 가짜처럼 부질없는 것이라면, 왜 그렇게 붙잡으려고 애쓰고 있는가?

세계에서 가장 강력한 힘을 가진 초강대국 미국의 대통령이라는 명예와 지위도 4년만 있다가 다시 세상에 내 놓아야 한다. 트럼프 전 대통령은 그 자리를 붙잡으려고 '거짓 선거, 부정 선거'라는 프레임으로 소송을 걸었지만, 결국 그 자리를 내놓아야 했다. 이게 무슨 망신인가?

한 나라의 대통령이라는 권력과 지위도 아무 부질없다는 사실을 우리는 전직 대통령을 통해 잘 알 수 있다. 대통령이 안 되었다면, 정치를 하지 않았다면 그들은 인생이 그렇게 비참해지지 않았을 것이다. 정치를 했기 때문에, 대통령의 자리에 앉았기 때문에 인생이 정말 비참해진 인물이 한 둘이 아니다.

대통령이라는 최고의 권력과 지위도 자세히 살펴보면, 오뉴월에 눈녹듯 사라지는 신기루와 다를 바 없다. 돈도 그렇고, 명예도 그렇고, 인기도 그렇다. 모든 것이 다 가짜다. 그러므로 붙잡으려고 너무 아등바등 살지 말고, 애쓰지 말아야 한다.

그런 것들에 집착하게 되면, 부정과 불법을 저지르게 되는 것이다. 그런 것들은 일시적인 것이고, 지속 가능하지 않다는 점을 반드시 알아야 한다. 특히 부정과 불법으로 획득한 것일수록 하루아침에 사라지게 된다는 점도 명심하자.

5

평온한 마음을 유지하라

"가장 중요한 원칙을 말한다면 평온한 마음을 유지하라는 것이다. 왜나하면 모든 것은 자연의 법칙에 순응해야 하기 때문이다. 또한 얼마 안 있어 당신도 하드리아누스나 아우구스투스처럼 무로 환원될 것이기 때문이다."

_〈마르쿠스 아우렐리우스, 명상록〉

중국 속담에 이런 말이 있다고 한다.

'하늘은 사 월에 하늘 노릇하기가 가장 힘들다. 벌레는 날이 따뜻하기를 바라고 보리는 날이 차갑기를 원한다. 나들이하는 사람은 날이 화창하기를 바라고 농부들은 비가 내리기를 바란다. 뽕을 따는 여자들은 날씨가 맑기를 바란다.'

세상과 사람들은 각기 저 마다의 입장이 다르고 생각이 다르다. 빨리 가면 천천히 가라고 뭐라 하고, 천천히 가면 빨리 가라고 난리다. 이것이 세상이고 타인이다. 그러므로 타인의 말에 절대 흔들려서는 안 된다.

최고의 인생 내공은 평온한 마음을 유지하는 것이다. 평상심을 유지할 수 있다면 당신의 인생 고수와 다름없다. 두려움과 걱정과 근심과 염려를 버릴 수 있는 사람이 진정한 인생 고수다. 이런 인생 고수는 어떻게 해야 탄생할 수 있을까?

욕심과 집착을 버릴 수 있다면 가능하다. 다시 말해서 명예를 가진 사람은 명예를 버릴 수 있어야 하고, 권력을 가진 사람은 권력을 버릴 수 있어야 한다. 사업에 성공한 사람은 사업을 포기할 수 있어야 한다. 인기를 얻은 사람은 인기에 연연해 하지 않을 수 있어야 한다. 이런 사람이 가장 뛰어난 인생 고수며, 평상심을 유지할 수 있는 사람이다.

인생에서 가장 중요한 것은 돈이나 권력, 명예와 인기, 사업과 지위가 아니다. 인생에서 가장 중요한 것은 인간 그 자체이며, 인격이며, 인성이다. 인간 그 자체를 포기한 사람은 짐승이 되는 것이다. 돈이나 권력을 위해서 인간이기를 포기하는 사람은 다름 아닌, 양심을 저버리고, 거짓말을 밥 먹듯이 하는 사람이다.

공자는 최악의 인간을 부끄러운 짓을 하면서도 부끄러운 줄조차 모르는 인간이라고 말했다. 필자는 최악의 인간은 인간으로서 지켜야 할 최소한의 양심을 저버리는 인간, 밥 먹듯이 거짓말을 하는 인간이라고 말하고 싶다.

우리는 모두 돈에 집착하고, 권력에 집착하고, 명예에 집착하고, 건강에 집착하고, 삶에 집착한다. 하지만 욕심과 집착을 버리지 않으면 욕망의 노예가 되고, 그것들의 하인이 되며, 삶은 심하게 요동치게 된다.

삶을 윤택하게 살기 위해 필요한 것인지도 모른다. 하지만 그것에 집착하는 마음을 버리지 않는다면, 우리는 쉽게 평상심을 유지할 수 없게 되고, 그렇게 된다면 세상의 온갖 고통과 번뇌가 시작된다.

세상을 행복하게 살아가기 위해 번뇌는 없어야 한다. 하지만 걱정, 근심, 염려, 두려움과 같은 고통과 번뇌는 욕심과 집착에서 생기기 때문이다. 욕심과 집착을 버린다면, 당신도 평상심을 유지할 수 있다. 평상심을 유지하는 사람이 진정으로 행복하고 성공적인 삶을 살 수 있다.

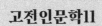

고전인문학11

세상의 원리를
깨우쳐라

"인간은 사물로 인하여 고통 받는 것이 아니라 그것을 받아들이는 관점(생각의 틀, 방향, 태도)으로 인해 고통 받는다."

_에픽테투스

1

깃털도 쌓이면
배를 가라앉힌다

"신이 듣건대 깃털도 많이 쌓으면 배를 가라앉히고, 가벼운 물건도 많이 실으면 수레의 축이 부러지며, 여러 사람의 입은 무쇠도 녹이고, 여러 사람의 비방이 쌓이면 뼈도 녹인다고 합니다."

_〈사마천, [사기열전 1], 민음사, 275쪽, 2007년〉

삶은 가장 낮은 곳에서 시작된다. 인생에는 지름길이 없다. 깃털도 쌓이면 배를 가라앉힐 수 있듯이 인생의 변화와 성공도 이렇게 이루어진다.

세상은 정확하다는 것과 공짜가 없다는 사실을 명심하자. 여러 사람의 비방이 쌓이면 결국 뼈도 녹일 수 있을 만큼 강력한 것이 된다. 하물며 인간의 노력은 어떻겠는가?

하루하루 묵묵히 자신의 길을 걸어가면 태산이 아무리 높다 한들 정상에 오를 수 있다. 비어 있어야 채울 수 있다. 인생은 속도가 아니라 방향이다. 삶은 결과가 아니라 과정이다.

천릿길도 한걸음부터다. 명심하자. 태산을 오르는 모든 이는 한 걸음씩 걸어서 결국 정상에 도달한다. 뛰려고 하지 말고, 걸어야 한다. 뛰면 멀리 갈 수 없고, 금방 지치기 때문이다. 한 걸음씩 걸어가는 것이 인생이다.

신은 우리를 채찍으로 길들이지 않는다. 오직 시간으로 길들인다. 그러므로 우리는 우보만리의 원리를 반드시 습득해야 한다. 꾸준함을 이길 그 어떤 재주도 능력도 없다. 꾸준하게 하는 사람은 반드시 전문가로 도약한다.

당신을 성공시키거나 파멸시키는 것은 다름 아닌 당신이 오늘 행하는 수많은 행동들이다. 깃털도 쌓이면 거대한 배를 침몰시킬 수 있다. 당신의 행동들이 쌓이면 당신을 띄울 수도 있고, 가라앉힐 수도 있다. 어떤 종류의 행동을 선택하느냐가 중요하다. 그것이 당신의 성공과 실패를 결정하기 때문이다.

자기 인생의 키를 쥐고 있는 주인은 바로 자기 자신이다. 매일 꾸준히 책을 쓰는 사람은 결국 멀지 않아 베스트셀러 작가가 된다.

매일 꾸준히 그림을 그리는 사람은 멀지 않아 화가가 된다.

매일 꾸준히 놀고 먹는 사람은 미래가 없고, 인생이 무의미해진다. 쉽게 권태기가 오고, 모든 것이 귀찮아진다. 이런 사소한 무기력한 행동이 반복되면 결국 극단적인 선택을 하게 된다. 결국 당신을 성공하게 하거나 파멸하게 하는 것은 바로 다름 아닌 당신 자신이다.

명심하자. 깃털도 쌓이면 배를 가라앉힌다. 그래서 하루하루 매일 반복해서 하는 당신의 행동이 매우 중요하다. 매일 하는 행동이 쌓이기 때문이다.

뛰어난 음악성과 대중성으로 1960년대 전 세계 대중음악의 역사를 바꿔놓은 세계적인 4인조 록그룹인 비틀스도 역시 깃털이 쌓여서 배를 띄운 경우라고 할 수 있다. 비틀스가 비틀스로 도약한 것은 리버풀에서가 아니라 독일의 함부르크에서 매일 밤 12시간 이상을 연주하면서 실력을 쌓았기 때문이다.

그들이 함부르크에서 돌아와 영국의 리버풀에서 노래를 하자, 커다란 환호가 일면서 관객들이 모두 일어서며 찢어질 듯한 비명을 지르며 무대로 밀려들었다. 드디어 깃털이 쌓여서 배를 띄운 순간이었던 것이다.

2

모함이나 배은망덕 때문에 분노를 느낀다면

"무지한 자가 결국 무지하게 행동하는 것에 무슨 잘못이 있으며 놀랄 것이 있겠는가? 오히려 그러한 인간이 그러한 식으로 당신의 감정을 상하게 하리라는 것을 예기치 못한 당신 자신에게 잘못이 있지 않을까를 생각하라. 당신에게는 이러한 사람은 이러한 잘못을 저지를 수 있다고 추리할 수 있는 이성이 주어져 있는데도 불구하고 당신은 그 사실을 망각하고 있었던 것이다. 그래서 그의 과오가 당신을 경악시킨 것이다."

_〈마르쿠스 아우렐리우스, 명상록〉

당신을 분개하게 만든 이가 있다면, 당신을 말도 안 되는 모함으로 모욕을 주고 명예를 훼손시키는 자가 있다면, 그래서 어떤 인간에게 분노를 느낀다면 그 모든 일의 원인을 자신에게 돌려야 한다.

왜냐하면 그러한 인간의 신의를 너무 믿었던 것이기 때문이다. 세상의 모든 사람이 다 당신처럼 선한 의도를 가지고, 공정하게 행동하며, 절대 선을 지킬 것이라는 순진한 생각에 머물러 있던 자신을 바꾸어야 하기 때문이다.

세상에는 선을 지키면서 공정하게 살면서 경쟁하는 이들도 많지만, 반대의 경우도 얼마든지 있음을 알아야 한다. 분노를 느낀다면, 먼저 세상은 원래 선과 악이 존재하며, 세상은 불공정하다는 사실을 인지해야 한다.

당신보다 훨씬 더 불리한 상황에서 태어난 사람도 수도 없이 많고, 당신보다 더 심한 대우를 당하면서 육체적 가해까지 입고 생명이 위태한 사람, 의식 불명인 사람도 존재한다. 그런 사람을 조금만 생각해 보면 당신이 받는 그 모함과 배은망덕이 당연히 당신에게 분노를 일으켜야 할 정도의 것이 아님을 깨닫게 된다.

모함이나 배은망덕, 무지한 행동의 정도를 떠나서, 그 원인이 어쩌면 추리하지 못한 당신의 이성, 미리 짐작하지 못한 당신의 생각, 당신의 짧은 생각 때문이라고 할 수 있다.

중요한 것은 타인의 모함이나 배은망덕한 행동이 아니다. 중요한 것은 바로 당신이다. 당신이 타인과 삶에 끌려 다닐 것인지? 타인과 삶을 끌어갈 것인지 결정하기 때문이다.

스스로 마음의 주인으로, 삶의 주인으로 사는 사람은 끌려 다니지 않는다. 단호하게 거절하고 스스로의 삶을 살아간다. 타인의 모함이나 배은망덕에 좌지우지될 필요는 없다. 그것에 분노하고 슬퍼하고 상처를 받는 것은 소극적인 행동이며 그것에 끌려 다니는 것이다. 하지만 그럼에도 불구하고 그것들을 초월하여 아무렇지도 않은 듯 무시하고 자신의 일에 더 집중하고 자신의 길을 가는 것은 적극적인 행동이며 그것을 끌어가는 것이다.

개가 짖는다고 기차가 멈추는 법은 없다. 그러므로 그것으로 인해 분노하지 말고, 자신의 갈 길을 그대로 가는 것이 중요하다. 당신의 인생이 바로 앞에 있는 데 왜 팔을 뻗는 것을 멈추려고 하는가? 왜 지체하려고 하는가?

마음을 비우고 내려놓고, 평정심을 유지하는 것, 타인의 비난과 배은망덕한 행동에 끌려 다니지 않는 것, 타인과 세상을 원망하지 않는 것, 심리적인 삶의 균형을 유지하는 것, 이런 것들을 잘 할수록 당신은 인생 고수다.

인생 하수처럼 살아서는 안 된다. 그런 사람은 단 한 순간도 자신의 일에 집중하지 못한다. 인생 고수는 폭풍우가 치는 순간에도 자신의 일에 집중할 수 있는 사람이다. 당신에게는 이런 내공이 필요하다.

타인의 모함이나 배은망덕한 행동, 타인의 어이없는 몰지각한 행동이나 실수에 분노를 느끼지 않기 위해서는 당신의 생각과 인생의 크기가 더 커야 할 필요가 있다. 생각해보라. 당신은 어른이고, 초등학생이 당신 앞에서 온갖 어이없는 행동을 한다고 해도 당신은 별로 신경쓰지 않고 분노하지 않을 것이다.

하지만 어른이 그런 몰지각한 행동을 했다면, 신경을 쓰고 화를 낼 것이다. 문제는 당신의 그릇의 크기인 것이다. 포용과 관용이 넓을수록, 즉 당신의 크기가 클수록 당신은 분노하지 않고, 그것을 끌어안고 갈 수 있다. 당신의 인생 크기가 작으면 쉽게 폭발하고 쉽게 표출하고 작은 분노도 끌어안고 갈 수 없다.

세상과 담을 쌓고 살아갈 수 있는 사람은 없다. 혼자 살 수 있는 사람은 없기 때문이다. 좋은 인간관계는 반드시 필요하다. 그렇기 때문에 당신의 그릇을 키워야 한다.

작은 일에 쉽게 분노하고 상처받지 말고 더 큰 사람이 되고 더 큰 인생을 살아야 한다. 따지고 보면 우리가 오늘 분노하고 화를 내고 상처받은 일은 어쩌면 사소한 일이며 감정싸움에 불과한 것인지도 모른다.

사람은 누구나 잘난 체 하고, 교만한 존재다. 그것을 감추고 있을 뿐이다. 인간은 누구나 실수를 하고, 타인에게 상처를 주는 존재다. 이런 사실을 먼저 인식한다면, 당신은 분노 대신에 연민을 느낄 수 있을 것이다. 그런 점에서 분노하지 말고, 연민을 느끼고 포용하고 관용을 베푸는 것이 필요하다. 세상에 완벽한 사람은 없다. 털어서 먼지 안 나는 사람은 없다.

궁지에 몰리면 쥐도 고양이를 물고 공격하는 법이다. 모함이나 배은망덕한 행동을 한 사람이 있다면, 먼저 자신을 돌아보는 것이 필요하고 중요하다. 사람은 누구나 이기적인 존재다. 그렇기 때문에 저 사람이 당신을 좋아하는 이유는 당신이 저 사람에게 이익이 되기 때문이다.

그러므로 당신에게 너무 잘 하는 사람이라고 너무 좋아할 필요는 없고, 당신을 모함하거나 배은망덕한 행동을 하는 사람이라고 너무 미워할 필요는 없다. 인간은 이익에 밝은 존재이기 때문이다.

세상이 그대를 속일지라도, 모함할지라도, 배은망덕한 사람이라도 분노하지 말고, 포용하고 연민을 느끼는 것이 중요하다. 분노하는 순간 당신의 감정은 심하게 흔들리게 되고, 당신의 삶에 집중할 수 없기 때문이다.

받는 사람보다 주는 사람이 더 복된 사람이다. 분노를 느끼는 것보다 연민을 느끼는 사람이 더 훌륭한 사람이다.

3

무엇이든 지나치면
화를 부른다

"검약은 아름다운 미덕이지만, 지나치면 모질고 더러운 인색이 되어 오히려 정도를 손상시킨다. 겸양은 아름다운 행실이지만 지나치게 공손하고 삼가면 비굴이 되어 본마음을 의심하게 된다."

_〈홍자성, 채근담〉

　진정한 풍요로움은 최고의 부자가 되어야 가능한 것은 아니다. 오히려 탐욕스러운 사람이 가장 많은 부를 차지하여 최고 부자가 되어도 그는 진정한 풍요로움이 어떤 것인지 누리지도 느끼지도 못 할지도 모른다.

　진정한 풍요로움은 탐욕스러운 마음에는 존재할 수 없기 때문이다. 진정한 풍요로움은 나누고 베풀 수 있는 관대한 마음에만 존재한다. 자신에게 주어진 것에 만족할 줄 모르는 사람은 절대로 풍요로워질 수 없다.

욕심과 집착, 탐욕과 시기와 질투심이 넘치는 사람은 만족할 줄 모른다. 이렇게 만족할 줄 모르고, 멈출 줄 모르는 사람은 정도를 벗어나 지나치게 된다. 무엇이든 지나치면 화를 부른다.

성공은 부자가 되고, 권력을 차지하는 것이 아니다. 성공은 더 많은 것, 더 좋은 것을 차지하는 것이 아니다. 더 많다고 더 좋은 것은 아니다. 행복도 마찬가지다. 행복이라는 함정에 빠져서 비틀거리는 인생이 많다.

인생은 그 자체로 위대한 교훈이며, 의미가 있는 여행이며, 도전이다. 인생은 힘들다는 사실을 받아 들여야 한다. 그럼에도 인생에는 삶의 기쁨과 즐거움도 많다는 사실도 우리는 발견할 수 있어야 한다.

돈도, 명예도, 인기도, 권력도 무엇이든 지나치면 그것은 화를 부르고, 인생을 망치게 한다. 인생을 망치게 되는 것은 나쁜 인생이다. 그런 점에서 좋은 인생은 인생을 잘 사는 것이다. 그렇기 때문에 좋은 인생은 스스로 만족할 줄 알고, 지나침을 경계하고, 멈출 줄을 아는 것이다.

좋은 인생은 몸과 마음, 내면과 외면, 외적 성공과 내면의 성장의 균형을 맞추는 삶이다. 이런 인생을 살기 위해 필요한 것은 멈춤의 철학을 갖추는 것이다.

지모가 극에 달하면 오히려 어리석어지고, 재물이 극에 달하면 오히려 빈곤해 진다. 큰 지혜는 멈춤을 알고, 작은 지혜는 더 많은 것을 차지하기 위해 끊임없이 계략만 꾸민다.

당신은 어떤 모습의 삶을 살고 싶은가? 평생 죽을 때 까지 하나라도 더 많이 차지하기 위해 끊임없이 경쟁하고 계략만 꾸미는 삶을 살 것인가? 아니면 멈춤의 지혜를 통해 삶을 누리고 즐거워하고 기뻐하고 만족하는 삶을 살 것인가?

좋은 인생은 절대 경쟁만 하고 계략만 꾸미는 그런 삶이 아니다. 경쟁만 하고, 지나친 탐욕과 집착은 인생을 망치기 때문이다. 그런 인생에 무슨 삶의 낙이 있고, 즐거움이 있고, 기쁨과 감사가 있고, 타인에 대한 배려와 존중이 있겠는가?

돈은 경제적 홀로서기와 경제적 자유가 가능한 정도면 충분하다. 돈은 자녀들을 평생 교육시키고, 자신의 노후에 하고 싶은 일을 하고, 가고 싶은 곳에 가서 살 정도만 있으면 충분하다. 하지만 이런 경제적 자유가 보장된다고 해서 좋은 인생은 아니다. 중요한 것은 당신의 마음이기 때문이다.

각 개인이 부여받은 능력만큼 가능한 한 최선의 사람이 되는 것이 인생의 목표여야 한다. 더 큰 부자가 되는 것, 더 많은 권력을 차지하는 것, 더 높은 지위에 올라가는 것이 인생의 목표여서는 안 된다. 이런 삶에는 기쁨도 희망도 즐거움도 성장도 교훈도 의미도 없기 때문이다.

4

인간은 늘
변한다

"너무 빨리 상대를 믿지 마라. 친구들 중에도 자신에게 이익이 있을
때는 네 곁에 있고, 네가 곤경에 빠지면 떠나는 자들이 있기 때문이
다."

_탈무드

인간은 늘 변한다. 잊지 마라. 너무 빨리 상대를 믿어서도 안 되
고, 오래되었다고 해서도 믿어서는 안 된다. 인간은 이해관계에 따
라 변하는 존재이기 때문이다. 늘 주체는 자신이 되어야 한다. 중
요한 일일수록 타인에게 의지해서는 안 된다. 주도권은 늘 자신이
가지고 있어야 한다.

믿었던 사람이 배신을 해도, 타격이 적도록 해야 한다. 회사 대표라면 믿었던 직원이 회사를 갑자기 그만두더라도 타격이 적도록 직원 의존형 회사 대신 시스템 의존형 회사를 만드는 것이 좋다.

그럼에도 우리에게는 희망이 있다. 인간은 불완전하고 이기적인 존재이지만, 온전하고 이타적인 측면도 가지고 있는 존재이기 때문이다.

인간은 늘 변하는 존재이지만, 세상은 절대 변하지 않는다. 절대 변하지 않는 세상에는 불변의 진리가 있다. 많은 불변의 진리 중의 하나는 바로 이것이다.

'출이반이', 즉 당신에게서 나간 것은 반드시 당신에게 되돌아온다는 것이다. 당신이 타인을 속이고 갈취했다면, 반드시 당신도 갈취를 당하게 된다는 점이다. 당신이 타인에게 친절과 신뢰를 베풀었다면, 당신도 반드시 친절과 신뢰를 되돌려받게 된다는 점이다.

출이반이의 진리는 절대 틀리지 않는다. 당신이 존경받고 싶다면 먼저 타인을 존경해야 한다. 당신이 부자가 되고 싶다면, 먼저 타인을 부자가 되게 하면 된다. 당신이 성공하고 싶다면, 먼저 주위 사람을 성공시키면 된다. 이것이 바로 출이반이의 원리다.

세상은 정확하다. 세상은 공짜가 없다. 당신이 준비한 만큼, 내공이 있는 만큼 정확히 그 만큼 성장하고 성공할 수 있다.

필자가 11년 동안 삼성전자에서 휴대폰 연구원으로 재직하지 않았다면, 그리고 퇴직 후 도서관에서 3년 동안 책만 보는 생활을 하지 않았다면, 지금의 김병완작가와 김병완칼리지는 존재하지 않았을 것이다.

11년 동안 삼성전자에서 일을 제대로 하는 방법과 일을 대하는 태도와 자세, 협력업체와 동료를 대하는 기술과 방법, 프로젝트를 착수하고 시작하고 진행하고 마무리하는 방법 등을 제대로 배우지 않았다면, 심지어 11년 동안 직장 생활을 하지 않았다면 과연 지금의 김병완칼리지가 존재할 수 있었을까?

퇴사 후 40대의 나이에 3년 동안 월급 한푼 없이 무모할 정도로 도서관에서 책만 읽는 생활을 하지 않았다면, 그래서 3년 동안 많은 양의 독서와 사색과 공부를 하지 않았다면, 지금의 김병완작가는 존재하지 못 했을 것이다.

세상에는 공짜가 없다. 세상은 정확하다. 필자가 3년 동안 책에 빠져서 하루 열 시간 이상씩 책만 읽은 그런 도서관 폐인 생활을 하지 않았다면, 평범한 직장인에 불과했던 필자가 작가로 변신에 성공하지 못했을 것이다.

3년 대신 3개월만 도서관 생활을 했다면, 만 권 대신 백 권의 책만 읽었다면, 한 권의 책도 제대로 쓸 수 없었을 것이다. 세상은 정확하다. 세상에는 지름길이 없다. 부나 성공의 추월차선 같은 것은 없다. 추월차선이라는 망상에서 벗어나는 것이 좋다.

　인간은 늘 변한다는 사실을 부정적인 측면만 보고 해석할 필요
는 없다. 인간은 늘 변하기 때문에 발전과 성장도 가능한 것이다.
세상에는 두 종류의 사람이 있다. 어제보다 오늘이 더 퇴보하는 사
람과 그 반대의 사람이다. 당신은 어제보다 오늘이, 오늘보다 내일
이 점점 더 성장하고 발전하는 사람인가?

　학교에서도, 직장에서도 인생의 본질을 가르쳐주지도, 배울 수
도 없다. 인생의 본질과 교훈을 우리는 스스로 발견하고 배워야 한
다. 인간은 늘 변할 수 있는 존재이기에 희망이 있는 것이다.

5

교언영색을 경계하라

"공자께서 말씀하셨다.
'말을 교묘하게 하고, 얼굴빛을 꾸미는 자들에겐 인이 드물구나.'"

_논어

인생의 목표 중의 하나는 자기 수양이다. 자기 수양에는 종착역이란 없다. 인간이라면 누구나 자기 수양을 해야 한다. 인간답게 살기 위해, 더 나은 인생을 살아내기 위해서다.

인격 수양이 필요한 이유는 많다. 재능이나 실력이 뛰어나더라도 인격 수양이 안 된 사람은 사회적으로 인정받을 수도 없고, 성공할 수도 없기 때문이다. 인격 수양이 안 된 사람은 일이 잘 풀리면 자신의 잘 나서 그런 것이고, 안 풀리면 세상이 너무 엉망이라서 그런 것이라고 세상을 원망하고 세상 탓을 한다.

인격 수양이 안 된 사람은 스스로 퇴보의 길을 선택해서 가는 것과 다름없다. 뿐만 아니라 수양이 부족한 사람은 늘 타인의 칭찬과 교언영색에 휘둘리게 된다.

당신은 어떤가?

누군가 당신을 칭찬하고 띄워주면 무조건 좋아하고 그 사람의 말에 휘둘리는가? 인격 수양을 해야 하는 이유가 바로 여기에 있다. 우리는 알게 모르게 남의 행동이나 말에 휘둘리고 영향을 받는다. 그런데 자기 수양이 많이 된 사람은 타인의 말과 행동에 크게 요동치지 않는다.

인격 수양이 많이 된 사람은 삶의 중심을 잡고 살아간다. 그래서 부침이 심한 인생길에서도 흔들리지 않고 중심을 잡고 살아갈 수 있다. 수양이 부족한 사람은 쉽게 타인에게 휘둘리게 된다. 이러다 보면, 자신의 인생을 살 수 없게 된다. 타인이 원하는 방향으로 타인이 추천하는 인생을 살고, 타인이 좋아하는 언행을 하게 되기 때문이다.

논어 한 권으로 천하를 도모하고, 다스릴 수 있을 만큼 인격 수양을 한 사람이 있다. 바로 송나라 재상 조보다. 그는 태종의 면전에서 이런 말을 한 적이 있다.

"신에게 〈논어〉 1권이 있사온데 그 반으로 천하를 도모할 수 있었고, 그 반으로 천하를 다스릴 수 있었습니다."

이 말은 송(宋)대 나대경의 '학림옥로鶴林玉露'에 나오는 말로, '반부논어치천하(半部論語治天下)'라는 말로 요약할 수 있다.

세상은 참 많이 변했다. 그때보다 지금의 세상이 훨씬 더 복잡하고 훨씬 더 다스리기 힘들고, 경영하기 힘들다. 그렇다면 〈논어〉라는 책은 시대의 벽을 넘어서지 못한 것이 아닌가? 이러한 의문을 품을 수 있다. 하지만 이러한 의문을 확실하게 풀어주는 사람이 있다. 바로 삼성의 창업주인 이병철이다.

현대와 같이 복잡한 세상과 예측 불가능한 경영의 세계에서 논어 한 권을 통해 성공적으로 창업과 수성을 했던 인물이 바로 이병철이기 때문이다. 그는 자신의 회고록 〔호암자전(湖巖自傳)〕에 이런 말을 한 적이 있다.

"가장 감명을 받은 책 혹은 좌우에 두는 책을 들라면 서슴지 않고 〈논어〉라고 말할 수밖에 없다. 나라는 인간을 형성하는 데 가장 큰 영향을 미친 책은 바로 〈논어〉이다. 나의 생각이나 생활이

[논어]의 세계에서 벗어나지 못한다고 하더라도 오히려 만족한다. [논어]에는 내적 규범이 담겨 있다. 간결한 말 속에 사상과 체험이 응축되어 있어, 인간이 사회인으로서 살아가는 데 불가결한 마음가짐을 알려준다."

그렇다면 왜 〈논어〉는 이렇게 독특한 평가를 받는 것일까? 지구상에 책들은 수도 없이 많다. 그런데 한 권의 책으로 나라를 세우고, 기업을 창업하고, 다스릴 수 있기에 부족함이 없다고 하는 책은 흔한 책이 절대 아니면, 찾아봐도 별로 없다.

그렇다면 왜 논어는 유독 오랫동안 시대가 변하고 패러다임이 변하고 세계관이 변해도 그 인기가 식을 줄 모르고 계속해서 인기를 얻고 있는 것일까? 그 이유에 대해 필자는 세 가지 측면과 시대적 상황을 토대로 하여 그 이유를 말하고 싶다.

첫 번째는 〈논어〉는 인생에서 성공한 사람이 아닌 실패하고 비루한 인생을 살았던 한 인물과 관련된 내용의 책이라는 점이 다른 고전, 영웅전, 실화와 다른 점이다. 다른 고전에는 위인이나 영웅이 있다. 두 번째는 〈논어〉에는 가슴을 저미게 하거나 가슴 설레게 하거나 열광하게 하고 우리를 사로잡고 전율하게 하고 흥분하게 하고 긴장하게 하는 스토리가 없다. 최소한 아리스토텔레스에 대한 이야기는 극적인 스토리가 있다. 세 번째는 〈논어〉는 기승전결, 서론 본론 결론이 없다. 그냥 아무 페이지나 펼쳐서 읽어도 되는 그런 책이다.

이 세 가지를 다른 말로 한 마디로 하자면 〈논어〉는 독특한 책이다. 물론 비슷한 책들도 전혀 없다고는 할 수 없지만 대부분의 책들과는 확실한 차별화를 두고 있는 책임에는 의문의 여지가 없다고 할 수 있다.

공자가 살았던 시대적 상황을 우리는 잘 이해해야 한다. 공자는 2,500년 전 춘추시대를 살았다. 이 시대는 한 마디로 무시무시한 시대였다. 현대와 같은 안전과 인권이 보장된 사회가 아니었다. 한 마디로 대혼란기였다.

한 움큼의 밥을 위해 자식이 부모를 치고, 한 뼘의 땅을 다퉈 신하가 임금을 살해하는 그런 시기였다. 이런 시기에 인간으로서의 최고의 경지인 인에 집중하고, 신뢰를 강조하고, 학문에 몰두하며, 호학(好學)하는 삶의 자세와 폭력과 광기의 시대를 넘어 사람답게 살고, 사람대접을 받을 수 있는 문명을 꿈꾸는 태도를 평생 유지한다는 것은 거의 초인에 가까운 정신력이라고 할 수 있다. 바로 여기에 공자가 오랫동안 추앙을 받는 이유가 숨어 있는 것이다.

공자는 평생 인격 수양에 집중한 인물이라는 점이다.

어쩌다 어른이 된 사람이 많다. 누구나 그럴 수 있다. 교육의 문제라고 치부하고 교육 탓으로 돌릴 수도 있지만, 어쨌든 우리는 어른이기에, 세상 탓만 하고 있을 수는 없다.

삶의 원칙과 기준을 가지고 있는 사람은 타인이 칭찬을 한다고 해서 마냥 기분이 좋아지고 그것에 휘둘리지 않는다. 이런 사람은 타인이 비난한다고 해도, 악플에 상처를 받지 않는다.

삶의 기준과 원칙이 있기 때문이다. 이런 사람이 되어야 한다. 자신의 삶에 소신이 있는 사람은 언행이 당당하고, 활력이 넘치고, 눈빛이 살아있는 사람이다. 어떤 사람을 만나도 기죽지 않고 자신의 소신을 밝힐 수 있는 사람이다.

세상의 권력과 성공에 편승하려는 자는 교묘한 말을 하고 얼굴빛을 꾸민다. 인격 수양이 부족한 자들은 앞에서는 칭찬을 하고, 뒤에서는 욕을 한다. 그러므로 이런 자들을 경계해야 한다. 친하게 지내서는 안 된다. 그렇다고 대놓고 이런 사람들을 경계해서는 안 된다. 물이 너무 맑으면 물고기가 살지 못하기 때문이다.

세상은 이런 자들도 득실대는 곳이다. 그래서 이런 자들은 성공을 하지 못하는 것이다. 성공을 못하는 사람들이 더 많은 이유가 바로 이것이다. 자신의 실력과 노력으로 정직하고 공정하게 성공하려고 하지 않고, 요행을 바라고, 편법과 아부를 통해 성공하려고 하는 자들이 득실대는 것이다.
그렇다고 너무 놀랄 것은 없다. 세상에는 다양한 인간 군상들이 존재하고 살아간다. 모든 사람이 전부 같을 수는 없다. 잘난 사람은 잘난대로 살고, 못난 사람은 못난대로 사는 것이 세상이다.

당신이 잘 났다고 해서 우쭐할 필요는 없다. 당신이 못 났다고 해서 기 죽을 필요도 없다. 인생은 각 개인이 부여받은 능력만큼 가능한 한 최선의 사람이 되는 것이기 때문이다.

최선의 인생을 사는 사람이 최고의 삶이다. 최선의 인생을 살기 위해 스스로 교언영색을 하는 사람에서 벗어나야 할 뿐만 아니라 이런 사람을 경계해야 할 필요는 충분하다. 사람은 끼리끼리 모이고 친해지기 때문이다. 친구를 가려서 사귀어야 하는 이유도 바로 여기에 있다.

당신이 만나는 사람의 생각과 습성에 인간은 쉽게 물드는 존재이다. 양서를 많이 읽는다는 것은 결국 훌륭한 사람들을 매일 만나는 것과 다름없다. 그래서 독서가 중요한 것이다.

우리가 웹툰을 경계해야 하는 이유도 여기에 있다. 웹툰에 나오는 인물들 중에 존경받는 훌륭한 인물은 찾아보기 힘들다. 하지만 책은 다르다. 책 속에 나오는 인물들은 대부분 존경받는 훌륭한 인물들이거나 위대한 인물들이다.

고전인문학12

군자와 리더에 대하여

"시작과 창조의 모든 행동에 한 가지 기본적인 진리가 있다. 그것은 우리가 진정으로 하겠다는 결단을 내린 순간 그때부터 하늘도 움직이기 시작한다는 것이다."

_괴테

1

임금(리더)이 확고하게
설 수 없다면 망한다

"임금이 게으르고 무엇이나 이루지 못하고, 유약하여 쉽게 결단을 내리지 못하며, 옳은 일과 잘못된 일을 결정짓지 못해 스스로 확고하게 설 수 없다면 그 나라는 망한다."

_한비자

한 국가를 다스려야 하는 임금이든, 하나의 조직이나 단체를 이끌어 나가야 하는 리더이든, 한 가정의 가장이든, 어느 팀이나 부서의 장이든, 한 개인의 리더이든 당신은 어쨌든 리더이고 군주임을 알아야 한다.

우리 모두는 리더이고 군주이고 임금이다. 그렇다면 삶을 살아갈 때 가장 중요한 것은 흔들리지 않고 자신의 길을 가는 것이다.

확고하게 자신의 자리에 터를 닦고 자신만의 길을 가는 것이 중요하다.

미국 음악의 새로운 지평을 열었다고 평가받고 있는 밥 딜런은 그 이전에 없었던 자신만의 새로운 시적 표현을 창조해냈다. 그 공로로 그는 노벨문학상을 수상했다. 그는 대중음악의 가사를 문학의 경지로 끌어올렸다.

대학교를 1년도 다니지 못 하고 중퇴한 그가 세상적인 학벌이나 스펙이 없는 악조건에서도 그는 미국 국가 예술 훈장을 비롯해 유명한 상은 모두 받을 수 있을 정도로 크게 성공한 이유는 세상과 타인의 눈총과 시선에 흔들리지 않고, 확고하게 자신만의 길을 갈 수 있었기 때문이다.

그에게 성공의 정의를 묻는다면 그는 이렇게 대답했을 것이다.

"사람이 아침에 일어나 하고 싶은 일을 하고 밤에 잠자리에 들면 그 사람이야말로 성공자다."

이렇게 아침에 일어나 하고 싶은 일을 마음껏 하고 밤에 잠자리에 들 수 있는 사람은 한 가지는 분명한 사람이다. 바로 확고하게 설 수 있는 사람이어야 한다. 확고한 신념과 확고한 삶의 기준과 원칙, 삶의 길과 비전이 있는 사람이어야 한다.

이런 성공 기준보다 더 심도있는 요구를 한 사람도 있다. 바로 프랑스의 철학자 마르키 드 콩도르세다. 그는 인간의 본질에 대해 아주 깊이있는 주장을 한 적이 있다.

"만일 오늘의 내가 내일의 나와 같다면 오늘의 나는 어제의 나의 노예에 지나지 않는다. 매일 새롭게 어제의 나를 넘어서는 것에 인간의 본질이 있다."

그는 밥 딜런보다 더 큰 것을 요구한다. 아침에 일어나 하고 싶은 일을 하고 밤에 잠자리에 드는 사람은 인간의 본질에 위배되는 사람이다. 인간이라면 누구나 매일 새롭게 어제의 나를 넘어서야 하고, 그렇게 하지 못한 자는 어제의 나의 노예에 불과하다고 그는 강조한다.

당신이 리더라면 최소한 자신의 인생에 확고하게 설 수 있어야 한다. 그렇게 되어야 누가 무엇이라고 성공과 인간을 정의한다고 해도 당신은 흔들리지 않고, 자신의 인생길을 갈 수 있기 때문이다.

자신의 인생에 확고하게 서는 사람만이 환경과 나이를 초월하여 더 나은 존재가 될 수 있고, 자신의 꿈과 목표를 이룰 수 있기 때문이다.

19세기 영국의 사실주의를 대표하는 작가인 조지 엘리엇은 자신의 인생이라는 마당에서 확고하게 설 수 있었던 여성이었다. 그녀가 활동하던 그 당시 여성은 기껏해야 로맨스밖에 쓸 수 없다는 고정관념이 강했다. 여성에게 선거권도 없었던 그런 시대였다. 하지만 그녀는 이런 세상과 고전관념에 굴복하지 않고 스스로의 길을 만들어 그 위에 확고하게 섰다.

명심하자. 우리는 세상과 환경, 편견과 고정관념에서 벗어나 자신만의 길을 당당하게 걸어가야 한다. 그것이 리더의 모습이며, 한 인간의 본질이다.

인생에서 가장 가혹한 형벌은 무익하고 무의미한 일을 하는 것이며, 세상에 흔들려서 요동치는 삶이다. 우리의 인생은 우리 스스로가 만드는 것이다. '사상 최고의 베스트셀러 작가'로 기네스북에 오른 작가인 애거서 크리스티의 작품은 전 세계적으로 20억 부 이상 출판되었다.

그녀의 소설은 사후 50년이 지났는데도 결코 진부하지 않고 계속해서 간행되고 있다. 그녀의 어릴 적 꿈이 처음부터 소설가는 아니었다. 사실 그에게는 치명적인 약점이 있었다. 그녀의 꿈은 음악가였다. 하지만 그녀는 사람들 앞에 서면 몸을 떨고 심하게 긴장하는 약점이 있다. 그래서 그녀는 어릴 적부터 꿈꿔온 음악가의 길을 포기할 수밖에 없었다.

음악가의 재능이 있다고 해도 사람들앞에 확고하게 설 수 없다면 그것은 망하는 길이다. 그래서 그녀는 사람들 앞에 확고하게 설 수 있는 다른 방법을 찾았다. 그것은 바로 소설가가 되어 자신이 만든 창작품을 사람들에게 당당하게 보여 주는 것이었다. 자신만의 방식을 찾은 그녀는 세계적인 추리 작가로 큰 성공을 거두었다.

명심하자. 성공은 단 한 가지다. 자신만의 방식대로 자신의 길에 확고하게 서는 것이다. 그것이 성공의 지름길이며, 유일한 공식이다.

2

임금(리더)이 결단력이
없으면 망한다

"임금이 겁이 많아 자기 신념대로 나라를 지키지 못하고, 지레짐작은
재빨리 하면서도 마음이 유약하여 정작 결단을 내려야 할 때 망설이
가다 때를 놓치면 그 나라는 망한다."

_한비자

　결단력은 리더가 반드시 갖춰야 할 미덕 중의 하나다. 결단력이
없는 리더를 감당할 수 있는 부하들은 없다. 세상도 마찬가지다.
가장 성공하지 못하는 사람의 유형 중 하나가 바로 우유부단한 사
람이다.
　우유부단한 사람은 그 어떤 일도 성공할 수 없다. 생각해보라.
목적지가 부산인데, 서울에서 출발한 사람이 대전 쯤 가다가 다시

되돌아온 후 다시 출발하는 어리석은 행동을 매일 십 년 이상 반복한다고 말이다.

이런 사람은 절대 평생 노력을 해도, 그 노력은 헛수고가 된다. 하지만 결단력이 있는 사람은 다르다. 한 번 시작했다면 끝을 본다. 절대 흔들리지 않고 우왕좌왕하지 않고, 일희일비하지 않고, 자신의 길을 굳건히 걸어간다. 이런 사람이 성공하지 않는 다면 그것이 더 이상한 일이지 않는가?

결단력이 있는 리더의 모습보다 더 강력한 카리스마도 없다. 결단력 있는 사람보다 더 강한 리더도 없다. 결단력은 결국 내면의 강함과 성장의 정도를 보여주는 거울과 같다.

바다처럼 크고 넓고 깊은 사람일수록 결단력은 빠르고 강하다. 그리고 그 결단력은 결국 바위도 뚫을 수 있게 된다. 우유부단하고 망설이고 결단하지 못하는 사람만큼 나약해 보이는 사람도 없다. 그리고 실제로도 그런 사람은 가장 나약한 사람이며 겁쟁이다.

당신이 리더라면 반드시 결단력을 갖추고 있어야 한다. 결단하고 행동하면 귀신도 무서워서 길을 비켜준다. 결단하고 행동하면 없던 길도 생기고, 막힌 문도 열린다. 결단력의 힘을 경험해 봐야 한다.

당신이 아닌 모습으로 세상과 타인에게 사랑받고 인정받는 것보다 당신의 모습 그대로 미움 받는 편이 훨씬 더 낫다. 미움 받는 것을 두려워하지 마라. 당신의 운명은 당신의 손 안에 있을 뿐이다. 당신이 결단하고 행동할 때 당신의 운명은 달라지고 좋아진다. 당신이 우유부단하고 결단을 내리지 못할 때 당신의 운명은 당신의 손에서 떠나가게 된다.

결단력이 없는 사람의 가장 큰 문제는 무엇일까? 그것은 실패에 대한 두려움이 크다는 것이다. 이 말은 다른 말로 하면 부와 명예, 권력과 인기에 집착한다는 것을 의미한다. 오히려 세상에 잃을 것이 없는 사람은 무서운 것이 없는 법이다.

결단을 할 수 있는 사람은 그 자체로 힘이 있는 자다. 왜냐하면 결단하는 순간, 하늘도 당신을 도와주기 때문이다. 이런 사실에 대해 괴테는 이런 말을 한 적이 있다.

"시작과 창조의 모든 행동에 한 가지 기본적인 진리가 있다. 그것은 우리가 진정으로 하겠다는 결단을 내린 순간 그때부터 하늘도 움직이기 시작한다는 것이다."

많은 것을 가지고 있으면서도 결단력이 있는 사람, 즉 두려움이 없는 사람이 되기 위해서는 욕심과 집착에서 벗어날 수 있는 사람이 되어야 한다. 앞에서도 말했지만, 모든 것은 지나치면 결국 화가 되고, 많으면 많을수록 결국 더 소중한 것을 잃게 된다.

한비자에 나오는 '지족불욕'이라는 말을 명심해야 한다. 만족함을 아는 자는 욕되지 않는다. 만족함을 아는 자는 실패에 대한 두려움이나 현재 가진 것에 대해 잃을 까봐 집착하지 않고 더 많은 것을 가지려고 욕심내지 않는다. 그렇기 때문에 우유부단하지 않고, 결단할 수 있고, 멈출 수 있다.

멈출 수 있는 사람만큼 최고의 경지는 없다. 결단의 행동 중에 최고의 결단은 멈추는 것이다. 내려놓은 것이다. 노자 역시 난세를 살아 갈 때 세 가지 마음가짐을 언급한 적이 있다.

"첫째. 불우한 이웃 사람들을 불쌍히 여길 것. 둘째, 모든 일을 조심스럽게 추진할 것, 셋째, 사람들의 선두에 함부로 나서지 않을 것, 남들을 불쌍하게 여기기 때문에 용기가 생길 것이고, 모든 일을 신중하게 처리하기 때문에 궁지에 몰리지 않을 것이고, 사람들의 선두에 서지 않기 때문에 오히려 지도자의 자리에 떠 받들어질 것이다."

명심하자. 공적을 이루면 물러나는 것이 세상의 이치다. 성공을 했다면 멈추는 것이 세상의 원리다. 그릇에 물을 계속 부으면 넘친다. 그릇의 양만큼 부어야 한다. 그래서 지피지기 백전불태인 것이다. 자신의 그릇을 알고 그 그릇에 맞게 물을 부어야 한다. 성공도 부도 자신의 그릇에 맞게 해야 한다. 지나치게 더 많이 더 크게 성공하려고 하지 마라. 부도 마찬가지다.

어느 정도 성공했다면, 어느 정도 부가 있다면, 이전과는 다른 전략과 방법으로 삶을 살아야 한다. 이제는 멈추어야 할 때다. 결단하고 행동하는 사람은 그 부와 성공이 오래 갈 것이다.

3

군자(리더)는머리를쓰고
소인은힘을쓴다

"군자(리더)는 마음을 쓰고 소인은 힘을 쓴다."

"진나라와 초나라가 정나라를 두고 싸우던 때다. 진나라의 도공
이 정나라를 포위하자 정나라 사람들은 두려운 마음에 강화를 청
했다. 이 때 진나라 장수 순언은 정나라를 계속 포위하면서 초나라
와 힘을 합쳐 싸워야 한다고 주장했다. 하지만 진나라 장수 순언의
당숙인 순앵은 이를 반대했다. "군사를 돌려야 합니다. 초나라가
군사를 일으켜 정나라를 칠 것이니, 두 나라가 전쟁에 피폐해 질
것입니다. 두 나라가 피폐해졌을 때, 우리는 정나라를 치면 됩니
다. 지금 싸우는 것보다 훨씬 더 유리합니다. 그러므로 지금 싸우
면 절대 안 됩니다. 병사만 지칠 뿐 얻는 것이 별로 없습니다."

라고 하면서 아주 명언을 남겼다.

"군자는 마음을 쓰고(머리를 쓰고) 소인은 힘을 씁니다. 이것이 고대 선왕들의 방식이었습니다."

진나라는 순앵의 말을 듣고, 물러났고, 후에 초나라는 세 번이나 정나라를 공격했고, 이로 인해 두 나라는 병사들이 지치고 나라고 피폐해졌다. 그리하여 결국 진나라는 손쉽게 정나라를 정복할 수 있었다."

_⟨[지낭], 풍몽룡⟩ 중에서

[지낭]은 풍몽룡이 중국의 요순 시대부터 명나라에 이르기까지 고금의 지혜를 테마별로 분류해서 엮은 문언소설집이다. 지낭은 지혜의 주머니 혹은 지혜가 많은 사람을 비유하는 말이다. 고전에 관심이 있는 사람이라면 읽어보면 좋은 책이지만, 고전이 워낙 많기 때문에 섣불리 추천할 수는 없다.

군자는 마음을 쓰고, 소인은 힘을 쓴다. 지혜는 바로 멀리 내다보고 크게 길게 계획하는 것이다. 무조건 싸우고 노력하고 돌진하는 것보다, 때와 상황을 판단하고, 길게 내다보고, 살피는 것에 있다.

삶의 지혜와 무기가 되는 것은 육체적인 힘이 아니라 정신적인 생각이다. 생각의 수준이 높으면 삶의 수준도 높아질 수 있다. 힘이 세다고 삶의 질이 달라지는 것은 아니다. 인간과 동물의 가장 큰 차이는 바로 인간은 머리를 쓸 줄 알고, 동물은 힘만 쓸 줄 안다는 점이다.

인간은 다른 동물과 달리 도구를 이용한 노동을 할 수 있었다. 그 이유가 바로 유일하게 인간만이 머리를 사용할 수 있었기 때문이다. 인간과 동물의 격차는 너무나 벌어졌다. 동물이 인간을 지배하고 다스린다는 것은 상상도 할 수 없는 일이 되었다.

리더는 머리를 쓰고 소인은 힘을 쓴다는 사실을 명심해야 한다. 인간은 다른 동물과 다르게 머리를 썼고 그 결과 지구의 주인이 될 수 있었다. 하지만 자만해서는 안 된다. 지구의 주인이 인간이 아닌 다른 '종'일 수도 있다. 기준이 달라지면 결과는 언제나 달라지게 마련이다.

당신이나 당신의 자녀가 리더가 되는 방법은 머리를 많이 쓰는 사람이 되는 것이다. 머리를 많이 쓰고 잘 쓸 수 있도록 도와주는 것들은 우리 주위에 적지 않다. 교육을 받는 것도 머리를 쓰는 방법과 기술을 배우는 것이고, 공부를 하는 것도 그렇다.

하지만 교육이나 학교 공부는 학교를 졸업하는 순간 등한시 하고 하지 않게 된다. 평생 머리를 많이 쓰고 잘 쓸 수 있게 도와 주는 것은 무엇일까? 그것은 바로 독서와 책쓰기다. 이 두 가지를 평생 남들보다 많이 하는 사람을 찾아서 그 사람의 삶을 관찰해 보라.

독서와 책쓰기를 하지 않는 사람과 하는 사람은 큰 격차가 생긴다. 특히 책쓰기는 더 그렇다. 필자는 영어 격차라는 단어에서 영감을 얻어서, '책쓰기 격차'라는 신조어를 만들어 필자의 저서를 통해 이야기한 바 있다.

'책쓰기 격차'란 책쓰기를 하는 사람과 하지 않는 사람의 사회적 신분, 지위, 재산, 권력, 영향력 등이 큰 격차가 생긴다는 사실을 알려주는 말이다. '영어 격차'란 말도 이와 다르지 않다. 영어를 잘하는 사람과 못하는 사람의 사회적 지위, 신분, 재산, 권력, 영향력 등 삶의 전반적인 영역에서 격차가 발생하는 것을 '영어 격차'라고 한다.

책쓰기 격차는 머리를 쓰는 사람과 쓰지 않는 사람의 삶의 수준과 격차를 더 쉽게 설명해 주는 신조어다. 리더이기 때문에 머리를 쓰고, 추종자이기 때문에 힘만 쓰는 것이 아니라, 머리를 많이 쓰고, 잘 쓰는 사람이 되면, 서서히 리더로 도약하게 되고, 영향력이 많아진다는 사실을 잊어서는 안 된다.

책쓰기는 절대로 힘으로 쓸 수 없다. 운동이나 등산은 힘으로 할 수 있지만, 책쓰기는 머리로 써야 한다. 그런 점에서 책쓰기를 하는 사람은 어느 사회에서든 리더의 위치가 되는 것이다. 리더라서 책을 쓰는 것이 아니라 책을 쓰기 때문에 리더로 성장하고 도약하게 된다는 점을 분명하게 이야기하고 싶다.

니체가 말했듯이 '모두가 가야 할 단 하나의 길이란 아예 존재하지 않는다.'는 사실도 잊어서는 안 된다. 모든 경우에는 예외가 존재하고, 각자의 삶은 다 다르다는 사실을 인정해야 한다.

4

군주(리더)는 텅 비어야 한다

"군주가 좋아하고 싫어하는 취향을 드러내지 않는다면 신하는 즉시 본심을 드러낼 것이다. 또한 지략이나 지혜를 감추면 신하들은 스스로 신중하게 처신할 것이다.

그리하여 군주는 지혜가 있다 해도 생각이 없는 것처럼 보여서 모든 사람이 자신의 자리를 알게 하고, 현명함이 있다 해도 섣불리 행동하지 말고 신하들의 행동의 근거를 살펴보아야 한다. 또한 용기가 있어도 분노하지 말고 신하들이 용맹함을 마음껏 발휘하도록 해야 한다. 그러므로 군주는 지혜를 사용하지 않아도 총명함을 갖게 되고, 현명함을 사용하지 않아도 공을 얻게 되며, 용기를 사용하지 않아도 강함을 갖게 된다. 신하들은 저마다의 소임에 충실하게 하고 모든 벼슬아치들은 일정한 법규를 지키게 하여 신하들 개개인의 능력에 따라 부리는 것을 '영원불변의 도'(常道)라고 한다. 그래서 말했다.

'군주는 마치 제위에 없는 듯 고요하게, 백성들이 그가 있음을 모르는 듯이 텅 비어 소재를 파악할 수 없도록 지낸다.'

현명한 군주는 위에서 정무를 보지 않아도 신하들은 아래에서 두려움에 떨게 된다. 명철한 군주의 통치 원칙을 보면, 지혜로운 자들이 자신의 지략을 모두 사용하게 만들고 군주는 그에 따라 일을 결정하므로 군주의 지혜는 무궁무진하다. 그리고 현명한 자들이 그 재주를 다 부리도록 만들어 군주는 거기에 근거해서 임명하므로 군주의 재능도 무한한 것이다. 공이 있으면 군주가 슬기롭기 때문이라 하고, 허물이 있으면 그 죄는 신하의 책임이 되게 하므로 군주의 명예는 무궁할 것이다. 이런 까닭에 현명하지 않은 군주라도 현명한 자를 거느릴 수 있고, 지혜가 없더라도 지혜로운 자의 우두머리가 될 수 있다. 신하는 힘써 일하고 군주는 그 성취를 취하는 것, 이것이 현명한 군주가 지켜야 할 '영원불변의 도'이다."

_한비자

인생을 살면서 때로는 망각하고 비우고 내려놓고 멈추는 기술이 필요하다. 특히 당신이 한 나라의 왕이나 어떤 조직의 리더라면 더더욱 그렇다. 니체는 망각에 대해서 '망각이란 천박한 자들이 믿는 것처럼 단순한 타성이 아니다. 오히려 이것은 일종의 능동적인, 엄밀한 의미에서 적극적인 저지 능력'이라고 말했다.

그는 자신의 저저인 〔도덕의 계보〕에서 망각이 없다면, 행복도, 희망도, 자부심도, 심지어 현재 이 순간도 존재할 수 없다고 말했다.

당신은 망각하고 텅 비울 수 있는 기술이나 능력이 있는가? 텅 비우고 버릴 수 있는 능력에 대해 공자와 그의 제자 안회는 이런 이야기를 나눈 적이 있다.

안회: 저는 진전이 있습니다.
공자: 무엇에 대해 진전이 있느냐?
안회: 좌망坐忘에 대해서 진전이 있습니다.
공자: 무엇을 좌망이라고 하느냐?
안회: 총명함을 버리고, 몸을 버리고, 지혜나 지식을 버려 텅 비게 하여서, 큰 도와 하나가 되는 것입니다.
공자: 큰 도와 하나가 되면, 좋고 싫음이 없고, 차별이 사라지고, 성장과 함께 하며, 어떤 것에도 집착하지 않을 수 있다. 안회야 정말 훌륭하구나.

리더가 되기 위해, 훌륭한 리더가 되기 위해, 행복하고 성공적인 삶을 살기 위해 우리에게 필요한 것은 어쩌면 망각인지도 모른다. 내 자신의 삶을 텅 비울 수 있다면, 그 사람은 무엇도 될 수 있고, 어떤 일도 할 수 있기 때문이다.

자신의 아집과 상처와 아픔은 물론이고, 타인에 대한 시기와 질투, 세상에 대한 분노와 후회, 과거에 대한 집착과 미래에 대한 두려움, 모든 걱정과 근심과 염려와 두려움, 이 모든 것을 버릴 수 있는 사람이 가장 강한 자이고, 가장 희망적인 사람이다.

텅 비는 것의 유용함에 대해 노자만큼 제대로 설명하고 이야기한 철학자도 없을 것 같다. 노자는 이런 이야기를 통해 우리 삶도 비어야 하는 기술이 필요하다고 말한다.

"30개의 바큇살이 하나의 바큇통에 모여 있다. 그 비어 있는 공간에 수레의 유용성이 있다. 문과 창을 내어 집을 만들었을 때, 그 중간이 텅 비어 있음으로써 집은 효용을 지니게 된다. 바퀴가 제대로 기능을 하기 위해서는 바큇살이 바퀴 가운데로 모이는 곳에 비어 있는 공간이 있어야만 한다. 집에는 창문이 있어야 빛을 받아들일 수 있고 환기시킬 수 있다. 머리가 복잡한 사람들은 방 안의 가구를 최소한으로 줄일 필요가 있다. 이는 정신을 맑게 유지하는 데 도움이 된다."

이처럼 사물의 효용도 버림에 있다. 하물며 인간은 어떨까? 인간은 잘 버릴 수 있는 사람이 훌륭한 삶을 살게 된다. 우리 마음속의 두려움을 버릴 수 있는 사람이 진정한 경지에 도달한다.

두려움을 버릴 수 있는 사람이 진정한 인생 고수다. 자신의 내면에 모든 감정의 찌꺼기를 버릴 수 있는 사람은 어떤 공포와 협박에도 두려워 떨지 않는다. 마치 목계처럼 말이다.

〈장자〉의 달생편에 나오는 목계(木鷄)에 관한 이야기는 너무나 유명한 이야기다. 리더라면, 성공적인 인생을 살고 싶다면, 행복한 삶을 살고 싶다면, 목계처럼 살아야 할 필요가 있다.

특히 리더에게는 반드시 목계와 같은 모습이 필요하다.

옛날 기성자라는 뛰어난 달인, 혹은 명인이 있었는데, 그는 싸움닭을 조련하는데 탁월한 능력을 가지고 있는 사람이었다. 그에 대한 소문이 자자하여 주나라 성왕의 귀에 까지 들어가게 되었다. 주나라 성왕은 그에게 닭 한 마리를 훈련시킬 것을 명령하였다. 그리고 열흘이 지나 왕은 훈련이 다 완성이 되어 싸움닭이 싸움을 할 만큼 역량이 갖추어졌는지 물어보았다. 그러자 기성자는 이렇게 대답했다.

"닭이 얕은 기술을 배운 후 교만에 빠져 싸울 상대를 찾고 있습니다. 아직 충분히 훈련이 이루어지지 않았습니다. 그러므로 좀 더 기다려 주십시오"

그래서 왕은 다시 열흘을 기다렸다. 그리고 나서 왕은 또 다시 기성자를 불러 닭의 훈련 상태를 물어보았다. 그러자 기성자는 이번에는 이렇게 대답을 했다.

"다른 닭의 울음소리나 그림자만 보아도 달려들려고 난리입니다. 여전히 최고의 투계가 되기는 멀었습니다. 그러므로 좀 더 기다려 주십시오"

그래서 왕은 이번에도 또 열흘을 기다렸다. 그러고 나서 왕은 또다시 기성자를 불러 닭의 훈련 상태를 물어 보았다. 그러자 기성자는 이번에는 이렇게 대답을 했다.

"아직도 훈련이 덜 되었습니다. 앞뒤를 재지 않고 덤벼들려는 기운은 누그러졌지만 여전히 다른 닭을 노려보고 지지 않으려고 합니다. 그러므로 훈련이 덜 되었습니다. 그러므로 좀 더 기다려 주십시오."

또 다시 열흘이 지난 후에 비로소 기성자는 왕을 찾아뵙고 다음과 같이 왕에게 고했다.

"이제야 온전한 싸움닭 한 마리가 만들어졌습니다. 이제는 상대 닭이 아무리 살기를 뿌리면서 소리치고 덤벼들어도 미동을 하지 않습니다. 떨어져보면 흡사 나무로 깎아 만든 닭 같습니다. 이는 덕과 기세가 충만하다는 증거로 어떤 닭도 당해내지 못할 것입니다. 그의 모습만 보아도 모든 닭들이 전의를 상실하고 꼬리를 내릴 것입니다."

바로 이 대목에서 '나무로 깎아 만든 닭과 같아서 덕과 기세가 충만하다는 증거로 어떤 닭도 당해내지 못하는' 목계(木鷄)가 탄생

한다. 그리고 이러한 목계야 말로 자신의 모든 두려움과 중압감을 떨쳐 버리고 자신을 뛰어 넘어 자신의 모든 역량과 재능을 어떠한 상황에서도 발휘해 낼 수 있는 경지에 오른 상태이다.

당신이 지금 불만에 가득 차 있고, 만족함이 없다면, 그것은 욕심과 집착을 버리지 못했기 때문이다. 당신에게 지금 필요한 것은 버리는 것이다. 욕심과 집착을 말이다.

욕심과 집착을 버릴 줄 아는 사람, 멈춤을 아는 사람, 만족할 줄 아는 사람과 만족할 줄 몰라 괴로운 삶을 사는 사람의 차이를 우리는 후한서에 나오는 이 이야기를 통해 알 수 있다.

'득롱망촉'이란 고사성어가 생겨난 것이 바로 이 이야기에서다. 〔후한서〕에 다음과 같은 이야기가 나온다.

후한 왕조를 일으킨 광무제(光武帝)는 만족할 줄 모르는 인물이었던 것 같다. 그는 후한 왕조로 만족하지 않고, 이웃 나라들에 대한 땅에 욕심을 내기 시작했다.

후한의 근처에는 외효가 점령하고 있는 롱 지역과 공손술(公孫述)이 점령하고 있는 촉(蜀)이라는 두 지역이 있었다. 광무제는 욕심 때문에 외효가 점령하고 있는 성 두 곳을 공격하여 침략하도록 자신의 부하 장수인 잠팽(岑彭) 장군에게 명령을 내렸다. 그리하여 결국 롱을 정복하게 되었다. 하지만 광무제는 여기에 만족하지 않았다.

광무제는 다음과 같은 편지를 써서 잠팽에게 보냈다.

"롱의 두 성을 함락했으면 곧바로 군사를 이끌고 촉의 공손술을 공격하라."

이 편지를 보자마자, 잠팽은 인간의 욕심이란 얼마나 끝이 없는 것인지에 대해 깨닫고 한탄하면서, 다음과 같이 말했다.

"사람이 괴로운 것은 만족을 모르기 때문이구나, 롱을 평정하니 이제 촉을 갖고자 하는구나!"

바로 이 말에서 '인간의 욕심은 한이 없고, 끝이 없으며, 인간은 만족할 줄 모르고 계속 욕심은 부린다.'는 뜻의 고사성어인 '득롱망촉(得隴望蜀)'이 생겨나게 되었던 것이다.

그런데 만족함을 알고, 욕심과 집착을 버릴 줄 알고, 멈출 줄 알았던 인물도 있었다. 의외이지만 말이다. 바로 조조 이야기다. 삼국지에 보면, 위나라 조조와 촉나라의 유비가 한창 싸울 때, 이와 비슷한 경우가 발생하지만, 끝은 전혀 달랐다.

조조는 촉나라 북쪽에 있는 섬서성 남쪽 농 지역까지 쳐들어가 그곳을 점령하게 되었다. 이 때, 욕심을 부린 것은 조조가 아니라,

그의 부하 사마의였다.

"조금만 더 밀어붙이면 촉나라의 본거지를 뺏을 수 있습니다."

라고 재촉하자, 조조는 매우 현명하게 대처를 했다.

"인간이 만족하기란 쉽지 않아. 이미 농 땅을 얻었으니 촉까지 바랄 것이야 없지, 그것은 지나친 욕심이다."

라고 오히려 사마의를 꾸짖고 반박했다고 한다. 조조는 오랫동안 황제의 삶을 누렸다. 천수를 누렸다고 할 수 있다.

세상의 모든 일은 너무 잘하려고 욕심이 지나치면 오히려 그르치게 된다. 그것은 욕심이 마음의 집중을 방해하기 때문이고, 에너지를 분산시키고, 고갈시키기 때문이다. 그래서 욕교반졸(欲巧反拙)이라는 고사성어가 생긴 것이다.

리더가 되기 위해서도, 행복하고 성공적인 삶을 살기 위해서도 우리는 욕심을 비울 줄 알아야 한다.

욕심을 내면, 결국 욕교반졸이 되기 때문이다. 욕교반졸이란 잘 만들려고 너무 기교를 부리다가 도리어 졸렬한 결과를 보게 되었다는 말이다.

너무 잘하려 하면 도리어 잘 안 되는 것이 세상의 법칙이다. 그래서 자신의 역량 100%를 넘어 200%를 발휘하기 위해서 욕심을 내면 절대 불가능하지만, 마음속의 욕심과 욕망을 버리면, 놀랍게도 그것이 가능하게 된다. 텅 비우면 기적이 일어난다. 여기에 대해서 잘 말해주는 책이 바로 [마음을 비우면 얻어지는 것들] 이다.

텅 비우면 오묘한 일이 일어난다라는 말이 있다. 바로 진공묘유란 말이다. 이 책의 저자는 말한다. 그토록 얻으려고 아등바등 고전분투를 해도 얻지 못했던 것들이 마음을 텅 비우자, 저절로 굴러 들어왔다고 말이다.

저자는 말한다. 이 모든 것이 내 것이 아니기에 마음을 비우면, 그 순간 놀라운 기적이 일어난다고 말이다. 원하는 일이 성사되고, 지능이 향상되고, 병이 낫고, 불가능한 일이 가능한 일로 바뀐다고 말이다.

마음을 텅 비우는 사람은 어떤 것을 얻기 위해 다투지 않는다. 그래서 그는 무적인 것이다. 노자는 이런 말을 한 적이 있다.

"오직 다투지 않으므로, 천하에 그와 다툴 자가 없다."

_[노자], 22장

다투지 않기 때문에 행복한 삶을 살 수 있고, 성공적인 삶을 살 수 있고, 리더로서 훌륭한 평가를 받는 것이다.

마음을 텅 비우는 자만이 만족함이라는 선물을 얻게 된다. 마음의 욕심을 비우는 만큼 우리는 행복해 질 수 있다. 더 많은 돈을 벌기 위해 애쓰기 보다는 마음을 비우기 위해 애써야 한다. 그것이 더 행복해지는 길이고, 성공적인 길이기 때문이다.

5

군주(리더)는 안락할 때
위험을 생각해야 한다

"신이 듣건대, 나무를 무성하게 키우려면 그 뿌리를 튼튼하게 해야 하고, 물을 멀리까지 흐르게 하려면 그 원류를 깊게 해야 하며, 나라를 오랫동안 평안히 다스리려면 많은 덕행을 쌓아야 한다고 합니다. 근원이 깊지 않으면서 멀리까지 흘러가기를 바라고, 뿌리가 튼튼하지 않으면서 나무가 성장하기를 구하며, 덕이 두텁지 못하면서 나라가 다스려지기를 바라는 것은 미천하고 어리석은 저조차도 불가능하다는 것을 압니다. 안락할 때 위험을 생각하지 않고, 검소한 생활을 통해 사치를 경계하는 일을 생각지 못하며, 미덕을 많이 쌓지 못하고 감정이 사욕을 누르지 못하는 것은 나무뿌리를 뽑아버린 뒤에 무성하게 자라기를 구하고 원류를 막아놓은 채 물이 멀리 흐르기를 바라는 것과 같습니다." _〈정관정요, 오긍〉

사람을 단련시키고 성장시키는 가장 전형적인 방법은 스스로 벼랑 위에 세우는 것이다. 즉, 자신이 의지하는 자리, 있는 자리를 흩트리는 것이다. 자신이 가장 쉽고 편하게 의지하면서 먹고 살 수 있는 바로 그런 환경에서 벗어나, 힘들고 어려운 환경에 들어가는 것이다.

인간은 위기에 더 성장하고 발전하게 되어 있다. 위기가 닥쳤을 때 인간은 더 창의적이 되고, 더 현명해진다.

배부르고 안락하고 편안한 상황에서는 점점 더 둔해지고, 멍청해지고, 어리석어지고, 판단력도 흐려진다.

잘 나가고, 편하고, 안락할 때를 스스로 경계해야 하는 이유다. 동양 고전의 최고봉이라고 평가할 수 있는 '주역'을 읽어보면, 이런 사실을 강조하고 또 강조한다.

형통하고 잘 나가고 모든 것이 좋고 안락할 때가 가장 위험한 때이므로 교만을 경계하라고 조언해 준다. 가장 힘들고 어렵고 모든 것이 최악일 때는 절대 좌절하지 말고 포기하지 말라고 조언해 준다.

주역이 우리에게 알려주고자 하는 최고의 메시지는 무엇일까? 바로 모든 것은 변한다는 것이다. 그렇기 때문에 잘 나갈 때가 있으면 반드시 그 반대의 경우도 있고, 못 나갈 때가 있으면 그 반대일 때도 반드시 있다는 사실을 인식해야 한다.

주역의 핵심은 음과 양의 이치다. 음과 양의 이치는 한 마디로 하면, 음이 극에 달하면 양으로 변하고, 양이 극에 달하면 음으로 변하는 '음변양화'다.

동이 트기 전인 새벽 미명이 가장 어둡고 쓸쓸하고 외롭고 견디기 힘든 고통이 최고조의 순간이다. 하지만 이런 순간이 오면 기뻐해야 한다. 왜냐하면 동이 트기 직전이기 때문이다. 우리 인생도 이와 다르지 않다.

해는 어김없이 뜨는 것처럼, 인생도 마찬가지다. 가장 힘들고 어렵고 고통스러운 순간이라면, 그때가 바로 동이 트기 직전이라는 사실을 자각할 필요가 있다. 그래야 포기하지 않고, 좌절하지 않고 멈추지 않기 때문이다.

주역에서 전하는 메시지 중에 하나는 인간의 모든 길흉은 결국 사(辭)에 있다는 점이다. 즉, 당신의 모든 길흉은 당신이 사용하는 말에 있다는 것이다. 그 말은 결국 당신의 생각의 표현이다. 즉, 당신이 지금 어떤 생각을 하느냐에 따라, 어떤 말을 하느냐에 따라 당신의 미래는 결정된다는 것이다.

주역이 우리에게 말하고자 하는 것은 한 가지다.

'잘 나갈 때 경거망동하지 말고, 못 나갈 때 자포자기하지 말라'

는 것이다.

주역이 우리에게 알려주는 한 가지 삶의 기술은 바로 이것이다. 안락하고 잘 나갈 때 절대 경거망동하지 말고, 위험을 생각하며 조심하고 절제하고 교만하지 말라는 것이다. 당신이 성공하고 있다면, 이 말이 가장 중요한 교훈이 될 것이다. 행운을 빈다.

삶을 윤택하게 하는 한 가지 습관

삶을 윤택하게 하고, 복을 가져다 주는 한 가지 습관이 있다. 무엇일까? 그것은 바로 세상과 모든 사람에게 관대함과 친절을 베푸는 습관이다.

타인에게 친절을 베푸는 행위는 삶에 지속적으로 좋은 영향을 끼치는 습관이다. 시간이 흐를수록 친절은 사람을 끌어 모으며 삶을 윤택하게 하고, 온화하고도 유쾌한 성격을 스스로에게 선사한다.

삶을 윤택하게 하는 한 가지 습관은 바로 관대함과 친절을 베푸는 행위다. 친절은 가까운 가족들에게도, 직장 동료에게도, 심지어 사업상 만나는 사람들에게도, 우연히 마주치는 길거리 행인들에게도 작은 선물을 선사하는 행위다.

타인에게 좋은 것을 주는 사람은 좋은 것으로 되돌려 받는다. 그것이 세상의 이치다. 불친절한 사람, 무례한 사람은 결국 그것과 같은 것으로 되돌려 받는다. 그러므로 당신의 삶이 좀 더 온화하고 윤택하고 부드러워지고 좋아지고 싶다면, 가장 먼저 해야 하는 일은 누구에게라도 친절을 베푸는 일이다.

인간의 운명과 미래를 결정짓는 것은 다름 아닌 우리의 말과 행동이다. 그리고 그 말과 행동은 결국 우리의 마음과 생각이 결정하고 지배한다.

우리의 마음과 생각이 찌질하고 꽉 막힌 사람은 절대 대운이 따라오지 않는다. 찌질하고 꽉 막힌 사람은 타인에게 관대함과 친절을 베풀 수 없다. 삶을 윤택하게 하고 복을 가져다 주는 습관은 관대함과 친절을 베푸는 것이지만, 이것을 실천하기 위해서는 먼저 마음이 넓어야 하고, 쩨쩨해서는 안 된다.

다시 말하면, 변명이나 하고, 불평불만만 쏟아내고 남 탓만을 하는 사람은 절대 대운이 오지 않는다. 반면에 생각이 크고 강하고 담대한 사람은, 배포가 크고 관대한 사람은 삶이 초라하지 않다. 이것은 부와 성공의 유무와 상관없다. 이런 사람은 멀지 않아 부와 성공도 이룰 수 있게 된다.

삶을 비참하게 만드는 습관은 쩨쩨하고 찌질하고 꽉 막힌 생각과 행동을 하는 것이다. 이런 행동은 스스로를 작은 인간으로 전락시킨다. 반면에 담대하고 관대하고 배포가 크고 상대방을 존중하고 친절을 베푸는 습관은 스스로를 존중할 뿐만 아니라 세상의 많은 복이 굴러 들어오게 만든다. 뿐만 아니라 이런 사람이 삶을 보다 윤택하게 풍요롭게 살 수 있다.

세상은 끝없이 변한다는 사실도 망각해서는 안 된다. 코로나19라는 팬데믹을 우리가 만나기 전에는 전혀 상상도 하지 못했던 삶을 온 인류는 살아가고 있다. 세상은 늘 변하고, 우리의 삶 역시 변화의 연속이다.

다시 말해, 영원한 승리도 없고, 영원한 패배도 없다. 달도 차면 기운다. 고생 끝에 낙이 온다. 그러므로 늘 평상심을 유지하고, 절대 경거망동해서는 안 될 것이다. 오늘 뉴스에 한국 과학 발전을 위해서 카이스트에 평생 모은 재산인 766억을 흔쾌히 기부한 한 여성에 대한 기사가 실렸다.

삶을 윤택하게 하는 습관은 부를 모으는 습관이 아니라 그것을 타인과 함께 세상에 나누는 습관이라는 생각이 든다. 크게 호탕하게 베풀고 나누고 큰 생각을 하는 사람만이 삶을 윤택하게 살아 낼 수 있다. 자본주의가 우리에게 주는 속물 근성에 휘둘리지 말고, 부와 성공의 주인이 되어야 한다.

부와 성공의 노예는 그것을 빼앗길까봐 전전긍긍하며 사는 것이다. 획득한 부와 성공 때문에 그것에 구속되는 사람은 노예와 다름

없다. 자신이 평생 모은 재산 766억을 기부할 수 있는 사람이 진정한 주인이며, 부자이며, 성공한 사람이다.

766억을 기부하는 사람의 행위와 주위 사람에게 당신이 지금 가지고 있는 작은 미소와 친절을 베푸는 행위는 본질적으로 매우 닮아있다. 그런 사람의 삶이 윤택하고 성공적이며 행복한 것이다.

받는 사람보다 주는 사람이 더 행복하다는 작은 진리를 우리는 잊어서는 안 된다. 작은 친절을 베풀 줄 아는 사람이 자신의 것을 절대 세상과 타인에게 내놓지 않고 움켜쥐고 있는 그런 사람보다 더 행복하고 성공이다.

인생의 가치는 미래를 스스로 만들어내는 데 있다. 자신의 미래를 윤택하고 풍요롭게 만들 것인지, 초라하고 궁핍하게 만들 것인지는 전적으로 당신에게 달렸다. 당신의 생각과 말에 달렸다. 생각은 스스로의 운명을 내면에서 바꾸고 영향을 주고, 말은 세상과 타인이 당신을 어떻게 대하고 조화를 맞출 것인지를 결정하게 하여, 외면에서 당신의 운명을 결정짓는다. 행운을 빈다.

하루 한 줄 고전 인문학

초판 1쇄 발행 | 2021년 4월 25일

지은이 | 김병완

펴낸곳 | 북씽크

펴낸이 | 강나루

주　소 | 서울시 서초구 명달로24길 46, 3층 302호

전　화 | 070 7808 5465

등록번호 | 제 206-86-53244

ISBN　979-11-6528-771-9　13120